分析心理学视角下心理学与语言学及文学的跨界研究

康雪荣 著

吉林大学出版社

·长春·

图书在版编目（ＣＩＰ）数据

分析心理学视角下心理学与语言学及文学的跨界研究 ／ 康雪荣著． -- 长春：吉林大学出版社，2022.8
ISBN 978-7-5768-0202-3

Ⅰ．①分… Ⅱ．①康… Ⅲ．①心理语言学－研究
Ⅳ．① H0-05

中国版本图书馆 CIP 数据核字 (2022) 第 139490 号

书名：分析心理学视角下心理学与语言学及文学的跨界研究
FENXI XINLIXUE SHIJIAO XIA XINLIXUE YU YUYANXUE JI WENXUE DE KUAJIE YANJIU

作　　者：康雪荣 著
策划编辑：黄国彬
责任编辑：代景丽
责任校对：田茂生
装帧设计：采薇阁
出版发行：吉林大学出版社
社　　址：长春市人民大街 4059 号
邮政编码：130021
发行电话：0431-89580028/29/21
网　　址：http://www.jlup.com.cn
电子邮箱：jldxcbs@sina.com
印　　刷：天津和萱印刷有限公司
开　　本：787mm×1092mm　1/16
印　　张：10.5
字　　数：180 千字
版　　次：2023 年 3 月　　第 1 版
印　　次：2023 年 3 月　　第 1 次
书　　号：ISBN 978-7-5768-0202-3
定　　价：68.00 元

本书获资助项目：

1. 山西省高等学校哲学社会科学研究项目：平行语料库视角下荣格心理学与文学的交叉研究（2022W146）

2. 太原工业学院教学改革研究项目：基于 MBTI 心理类型的大学英语学习风格差异研究（JG202211）

目　录

第三章　分析心理学与语言学

第四章　分析心理学与文学

第五章 后荣格学派的形成和发展

　　1875 年 7 月 26 日，荣格出生于瑞士北部的凯斯威尔小镇，1961 年 6 月 6 日，86 岁的荣格在瑞士库斯那赫特逝世。荣格曾是弗洛伊德的追随者，更是分析心理学的开创者。荣格曾担任国际精神分析学会的第一任会长，被公认为是二十世纪最伟大的心理学家之一。除了在心理学领域的卓越贡献外，荣格还是影响深远的文学家、思想家。二十世纪 80 年代开始，我国越来越多的学者开始研究荣格，荣格的分析心理学体系也受到了各个领域的广泛关注。荣格的思想体系结构庞大，他的理论涉及意识和无意识的关系，自我和自性的整合，东西方文化的交融，心灵的历史与现实，男性和女性、老人和年轻人的结合等。这一体系构成了一个宏大的思想框架，研究探明了集体无意识、原型、情结等诸多概念。同时，荣格强烈关注并研究东方文化，对易经、佛教、道教等有深入的研究。二十世纪末期，荣格的思想再度受到关注。近几十年来，荣格自传、系列全集等陆续被翻译过来。荣格的众多作品和他的很多创新性的思想成果被后世的心理学家采纳吸收，荣格理论中的很多核心概念深入到我们的日常生活和用语中来，持续地影响着现代心理学发展及普通人的生活。

　　荣格不仅是一位精神病医生，还是一个大学教授、学者、作家和社会批评家。最初，荣格的研究隶属于弗洛伊德精神分析学派，后来，因为对力比多的理解分歧，荣格与弗洛伊德关系破裂。之后，荣格发展完善了自己的一套心理分析理论，为了区别于弗洛伊德的精神分析和阿德勒的个体心理学理论，荣格把自己的心理分析理论称之为情结心理学，也称为分析心理学。在荣格看来，心理能量力比多是一种中性色彩的能量，这种能量并不是一成不变的，而是动态发展的。从这一角度看，无论是弗洛伊德强调的性欲本能或是阿德勒强调的权力本质都属于他的心理动力学体系。这套理论不仅包括一整套概念、原理，而且包括治疗心理疾患的方法。荣格并不把自己的职业活动限制在诊疗所里，他还运用自己的理论，对大量的社会问题、文学问题和现代艺术思潮作批判的分析。他是一个学者，有着惊人的渊博知识，能够像用自己的母语德语一样，流畅地阅读英语、法语、拉丁语和希腊语的著作。他还是一个有很高天赋的作家，曾于1923年获苏黎世城的文学奖。

荣格的分析心理学体系是一门关于深度心理研究和心理治疗的流派。该学派自成一体又兼容并蓄，且具有开放性和创新性。荣格分析心理学体系复杂，主要研究内容是关于集体无意识的心理现象，有着非常深刻的思想内涵和结构。一方面，荣格克服了弗洛伊德性本能学说的局限性，将心理学研究延伸到历史、文化、人类学等诸多领域，取得了许多巨大的理论创新。另一方面，荣格将分析心理学理论视角指向人类心理最深处，即集体无意识和原型领域。以原型和集体无意识为焦点，荣格试图来阐释人类社会的各种现象，探索人类集体的深层心理和精神价值。虽然很多人认为荣格的心理学体系内容庞杂，有很多神秘色彩，但是他的理论概括起来主要有这样五个方面：词语联想的实验和情结理论、人格结构与心理类型理论、自性与自性化研究、心理动力学、心理发展阶段理论。

在荣格之后，他的分析心理学体系内虽没有产生太多的分裂与分化，但也有矛盾与分歧。荣格去世后的几十年里，分析心理学也都有不同方向的发展。荣格的追随者对荣格主要思想有继承也有发展，形成了后荣格学派。后荣格学派的学者遍布世界，有广泛的国际影响力。他们的研究侧重点不同，研究成果多元，成为心理治疗的一个主要流派。现代西方和中国心理学界的学者们对荣格理论仍保有持续的兴趣和关注，许多国家和地区都建立了荣格学院，对荣格的分析心理学进行系统研究。然而，荣格学派的影响并不只是局限于心理学的领域，在目前盛行的后现代思潮中，荣格正受到人们越来越多的关注。荣格的分析心理学中有很多核心概念解释了其他心理学流派所无法解释的现象，如集体无意识理论、象征理论、共时性等。

荣格把众多的人类活动都包含在他的分析心理学理论之中，在历史、文学、人类学以及临床心理学领域产生了深刻的影响；此外，荣格关于性格类型和集体无意识及原型等的重要理论建树，在哲学、心理学、社会学、童话学研究和文学艺术创作与批评等领域均产生了深远的影响，对人类思想发展做出了积极贡献。

荣格学贯东西，对东西方意识形态的诸领域的思想都有继承和发扬，并产生了重大影响。荣格非常喜欢东方文化，他在儒学、道教、汉传佛教与藏传佛教研究等方面造诣甚深，并对中国文化给予了很高评价。荣格试图通过他的理论架起东西方文化互补和沟通的桥梁。一方面，荣格关注莱布尼茨、歌德、叔本华等西方思想家，对他们的理论做出发展；另一方面，荣格潜心研究东方文化，尤其是对中国文化有继承和传播。荣格理论的建构基于西方的心理学和哲学，同时汲取了东方文化，特别是中国文化的精华，因而具有东西合璧、兼容并蓄的现代特色。荣格心理学属于西方，同时也属于东方；它植根历史又属于未来。

第一章

荣格分析心理学的理论背景

　　从一般的学术意义上来讲，荣格分析心理学思想的背景涉及许多有关的人物与事件，比如，布洛伊勒、沙可和让内等精神病学方面的学者，康德、歌德、叔本华和尼采等哲学方面的学者，甚至荣格所处时代的历史与社会背景也在很大程度上影响了他的学说。这里我们主要提及两位对荣格思想影响深远的人：弗洛伊德和卫礼贤。弗洛伊德是引导荣格进行无意识领域探究和开拓的领路人；而卫礼贤则最先给荣格带来东方文化的启迪，尤其是中国文化的智慧与支持。在与二者互动学习的基础之上，荣格逐渐完善其分析心理学思想的发展。这一发展主要体现在以下三个重要阶段：第一阶段是 1900 年至 1912 年，这一时段荣格主要受到来自弗洛伊德的影响；第二阶段是 1913 年至 1923 年，荣格开始独自面对无意识并取得收获；第三阶段是 1924 年至 1930 年，卫礼贤引导荣格将东方智慧的启迪与见证引入分析心理学的体系框架内。在这些经历之后，荣格形成了他的分析心理学体系。

第一节 荣格与弗洛伊德

（一）从互动到决裂

1900 年，弗洛伊德出版了《梦的解析》，荣格称这本书是"划时代之作，也许是有史以来的最大胆之作，旨在把握作用于明显坚实的经验性基础的无意识心灵的种种不解之谜。对于那时我们这些年轻的精神病医生来说，此书是使人顿开茅塞的启迪之源"[1]。这是因为，荣格在他的词语联想测验遇到了情结的问题，而这与弗洛伊德关于"压抑机制"的理论问题是同源的，导致词语联想偏差的原因正是"压抑机制"的作用。不过，弗洛伊德认为，压抑的内容主要是性欲及个人挫折，而荣格则坚信在性欲之外，还有许多更为重要的内容，比如社会适应、个人生活压力等，这是他们一开始就有的分歧。后来，荣格给弗洛伊德寄去了他有关词语联想的论文，二人开始书信往来，弗洛伊德回赠荣格一幅他自己的照片。

1907 年，荣格从苏黎世去往维也纳拜访弗洛伊德，第一次见面，两人相谈甚欢。荣格曾在自传中这样说："我们于 1907 年终于在维也纳进行第一次见面。我们是在下午一点时见面的，然后实际上一口气进行了 13 个小时的交谈。"[2] 二人的这次见面成了心理学史的一段佳话。但是荣格与弗洛伊德就某些问题一直存有分歧，主要表现在对"性欲"问题的看法上。弗洛伊德的研究已经深深地陷入泛性论的理论中去，而荣格对此并不赞同。在其自传中荣格说：无论在一个人身上，或在一件艺术品上，只要显现出灵性，他（弗洛伊德）便对之加以怀疑，并拐弯抹角地认为这是受压抑性欲的表现。对此荣格不能同意，他认为这样就把文化看作是闹剧，文化就只是受压抑

---

1 荣格. 荣格自传：回忆·梦·思考 [M]. 沈阳：辽宁出版社,1988： 251:251.

2 荣格. 荣格自传：回忆·梦·思考 [M]. 沈阳：辽宁出版社,1988： 254-255.

的性欲的病态结果。而弗洛伊德则表示事实本来就是这样。

　　1912年，荣格出版了《力比多的转化和象征》，该书中已经出现了荣格"集体无意识"理论的端倪及其"分析心理学"的最初设想。集体无意识是荣格理论独立发展的基础，原型和原型意象的理论、情结和词语联想的研究、人格类型学说和自性化发展等是荣格理论的核心概念。更为重要的是，此书本身包含了荣格的内在心迹，或无意识生命的酝酿与表现。该书的出版使荣格与弗洛伊德的矛盾凸显，二人最终是由于无法调和的观念冲突而分道扬镳，荣格与弗洛伊德决裂。同时，这本书也意味着荣格分析心理学体系的开始。荣格晚年撰写自传的时候，这样来总结他对弗洛伊德的看法与评价："弗洛伊德的最大成就大概包括他把精神病人加以严肃的对待，并深入他们怪癖的个别的心理之中。他有勇气让病例说话，而这样做时他便得以深入其病人的真实心理之中。在面对这样一种工作所引起的人们的冷落时，他并不畏缩踌躇。"[1]不管怎样，二人的决裂既是双方的损失，也是各自的命运。

　　（二）理论分歧

　　荣格与弗洛伊德在理论上的分歧，我们还需要从整体理论框架上来加以更为深入的了解。首先，二者对梦的定义及其性质、功能的理解是不同的。弗洛伊德认为梦是一种伪装的变形物，是某种不会显现在表述中的东西；梦还是压抑愿望的满足。荣格则认为梦是一种常态，是冲动在无意识之中所呈现的自然形态；人类无意识地以梦的形态来创造象征。弗洛伊德在他对病人的治疗中使用自由联想的方法，通过一系列观念到达情结。荣格反对自由联想法，荣格认为梦是无意识的具象表征，它不仅仅是过往知觉的储存地，还蕴藏着未来的心灵情境和观念的胚芽。因此荣格认为：梦的意象有一种启示性。理解一个个体的整体人格和生命过程，就必须懂得梦及梦的象征。同时，梦有补偿功能，它可以矫正意识心理的缺陷、提前警告有缺陷的人格在其前进中将面临的危险。荣格认为，这一关于梦的新思想是他的心理学发展的转折点，他的目标就是要使无意识与意识完整地相互联结在一起，

　　1　荣格. 荣格自传：回忆·梦·思考[M]. 沈阳：辽宁出版社，1988： 286.

从而重新建立整体的心理平衡机制。

其次，荣格与弗洛伊德对象征的重要性理解不同。在 1900 年出版的《梦的解析》中，弗洛伊德曾说到梦的象征。他认为，梦利用象征来表现其伪装的、隐匿思想，如果不理会梦的象征，我们无法解释梦；同时他又提出警告说：我们不可太过高估梦的重要性，以致使得梦的解析等同于翻译梦的象征意义，而忽略了梦的联想。荣格则认为，象征既出现在梦里，又出现于不同的心灵现象中，而梦是象征的主要源泉。

最后，二者对情结产生要素的归因不同。就弗洛伊德的理论来看，性本能及其受到的压抑是个人情结产生的原因。但是，在荣格的理论体系中，性压抑只是情结产生的部分原因，或者说只是表层原因。包括文学和艺术创作活动在内，并非每一种文学和艺术作品的产生都是基于性压抑的结果。更深层的因素是集体无意识，即，艺术家的情结所产生的基础是集体无意识。

第二节 荣格与卫礼贤

卫礼贤（1873—1930），又名理查德·威廉，出生于德国，在中国工作学习 25 年。卫礼贤在中国的经历大致如下：1899 至 1920 年，卫礼贤一直生活与工作在青岛；1922 年起，在德国驻华使馆工作，并在北京大学任教；1924 年回到德国，在法兰克福大学任中国史和中国哲学的荣誉教授，从事有关中国文化的研究与工作。在中国期间，卫礼贤用 20 年的时间翻译与主编了 8 卷本的《中国宗教和哲学系列》，同时还翻译了大量中国典籍，曾在劳乃宣（1843—1921）（字季瑄，号玉初。籍贯浙江省嘉兴府桐乡，中国近代音韵学家。）的帮助下将《易经》翻译成德文，成为世界著名的汉学家。但是，卫礼贤与中国不仅仅是学术的关系，正如他自己在其《中国心灵》一书的前言中所说："我有幸在中国度过了生命中 25 年的光阴。像每一个在这块土地上生活了许久的人一样，我学会了爱这个国家，爱她的人民。"[1]

卫礼贤一生所做的工作对荣格来说非常重要和宝贵。因为卫礼贤为荣

1　卫礼贤. 中国心灵 [M]. 北京：国际文化出版公司, 1998：47.

格阐释和印证了中国文化的基因，这是荣格一直在追求、思考、向往以及从事的研究。卫礼贤为荣格带来了一种中国文化元素，可以从根本上改变荣格的世界观。在荣格看来，是欧洲精神选择了卫礼贤，将中国的《易经》带到西方，也给东方带来新的希望。荣格在纪念卫礼贤的文章中说："这是维尔海姆自认为所全力投入的一种文化使命，他认识到，对于满足我们灵魂的需求，东方可以说是一个宝贵的源泉。"。[1]

在自传《回忆·梦·思考》的附录中，荣格曾这样描述自己对威廉的印象："当我遇到理查德·卫礼贤时，他不仅在写作和说话方面，他的举止完全像一个中国人。东方的观点和中国古老的文化一步步深入他的内心。"[2]1930年卫礼贤去世后，荣格写了一篇悼词。其中，荣格是这样描述自己与卫礼贤的命运的："虽然他是一个汉学家，我是一个是医生；一个精通中国文化，另一个从未去过中国，不懂中文。那么是什么让我们成为终生的朋友？我们在超越学术界限的人与人性的领域相遇，这就是我们接触的地方。我们之间碰撞的火花启发了我，这是我一生中最有意义的事件。"[3]荣格认为，卫礼贤通过自己的作品在东方文化和西方文化之间架起了一座桥梁，让中国几千年的古老文化在现代欧洲传播和发扬光大。

卫礼贤出现在荣格的生活中，不仅给荣格带来东方智慧，带来《易经》的意义，带来道家炼丹学说，也见证了荣格无意识的理论形成。这些中国的经验给了荣格很大的支持。在与卫礼贤合著的《金花的秘密》中，荣格将他积极想象的心理分析技巧和中国传统文化，尤其是道家的"自然"和"无为"之意完美地融合在一起。荣格通过卫礼贤，了解了《易经》。在《金花的秘密》一书中，我们可以看到这样的评论："《易经》蕴含着中华文化的精髓和核心，融会着几千年来中国伟大智者们的共同倾注，它历久而弥新，对理解它的人显示出无限的意义和无限的启示。"这就是荣格对《易经》的理解和他对《易经》所表达的情感。荣格说："像我这样有幸与威廉和《易经》的预见性力

1　卫礼贤，荣格. 金花的秘密 [M]. 合肥：黄山书社，2011：101-108.

2　荣格. 荣格自传：回忆·梦·思考 [M]. 沈阳：辽宁人民出版社，1988：135.

3　卫礼贤，荣格. 金花的秘密 [M]. 合肥：黄山书社，2011：178.

有直接精神交流的人都不能忽视这个事实：这里我们已经接触到了一个阿基米德点，这个阿基米德点足以动摇我们西方心理态度的基础。"[1]这是荣格对《易经》的接受和理解，也是荣格的分析心理学发展的关键。面对这样一位汉学家，面对这样一位汉学家所代表的影响深远的中国文化，荣格将他视为自己终生的导师和深厚的心理学背景来源。荣格对卫礼贤作品的理解，也是荣格对中国文化的向往。

荣格对中国的《易经》和卫礼贤对中国哲学和文化的深刻理解深表钦佩。荣格认为，我们不能用"影响"这个词来形容中国文化与中国思想和卫礼贤的关系。因为事实上，威廉已经被中国文化征服和同化了。因此，从这个意义上说，荣格称自己是卫礼贤的学生，实际上他也是中国文化的学生。荣格通过与卫礼贤接触，了解并接受了中国文化的影响和熏陶。

1　卫礼贤，荣格.金花的秘密 [M].合肥：黄山书社,2011：186-196.

第二章

分析心理学的基本假设

　　分析心理学的基本理论是由集体无意识、原型、原型意象、情结、人格类型、人格动力及自性和自性化等核心概念组成。以上概念概括了分析心理学理论体系中最重要的思想内容，涉及对阿尼玛、阿尼姆斯、阴影、人格面具等具体内容的分析。这些概念对从理论层面理解荣格思想与跨学科的实践研究具有至关重要的意义和作用。

第一节 集体无意识

（一）集体无意识的内涵

　　根据荣格的分析心理学理论，人的心理活动大致可分为三个层次：最表面的一层是意识，第二层是个人无意识，最深的一层是集体无意识。第一个层次意识是人心中唯一能够被个人直接感知的部分。它出现在生命过程早期，很可能在出生之前就已经有了。这种自觉的意识，通过荣格对思维、情绪、感受、直觉四种精神心理机制的运用而逐步地成长起来。第二个层次是个人的无意识，这一层次邻近于意识状态的自我，类似于一个储藏地一样，它容纳着所有与其意识机制的功能和自觉的个性化不协调和不一致的心理活动和精神内容。由于各种原因，这些心理内容被压抑和忽略，例如一段疼痛的思考、一个困扰人的难题、一种心理冲突、一次道德纠纷。在这些内容被我们亲身体验和认识到的时候，可能往往会因为引起自我的不适或者认为它不重要而被人遗忘。所有那些微弱到不能真正到达意识，或者微弱到不能真正地存留在意识之中的感受，统统被储备在个体无意识中。第三个层次即集体无意识，它独立存在于整个人类的意识中，完全不依赖于个体经验。它超越了个人甚至整个国家和民族的经验。集体无意识是一种普遍的人类集体心理活动，隐藏在整个人类思想的最深处，是其心理结构中最秘密的部分。集体无意识是超越所有文化和意识的共同来源，是在人类生物进化过程中对社会环境、历史文化等各种影响因素的综合积累。

　　个体的无意识依赖于集体无意识。集体的无意识不是来自个人的经历，也不是后天习得的，它是先天就存在的。"集体"这个词表明这些无意识不是个别的，而是普遍的。它与其他个体的心理不同，具备了其他个体所拥有的、大致相似的内涵及其行为模式。换句话说，由于整个集体的无意识在所有人身上几乎是相同的，它已经构成了一种超个人的、共享的心理根本，并且广泛地存在于我们每一个人的身上。

（二）集体无意识的内容

集体无意识中储存的内容非常丰富，仍然保留着荣格称之为"原始意象"的所有潜在意象。"原始"是指起源，而"意象"是指某种图像或原型。因此，原始意象是指人类从其祖先（包括人类祖先和前人类祖先）继承的精神遗传因素。这个概念涉及精神心理学的初始甚至发展阶段。这里所说的对于种族祖先形象的反复传承和再继承，不是指每个人都可以充分自觉地继承和拥有自己种族祖先曾经或拥有的种族形象，而是指个体具有与生俱来的倾向或通过采用与自己种族祖先相同的方法，重新获得对世界的正确把握并做出相应的社会反应的潜在能力。例如，人们对蛇和黑暗的恐惧是与生俱来的，而不是后天习得的。在人生的过程中，我们并不需要有亲身经历，才能获得对蛇或黑暗的恐惧。当然，亲身经历可能会增强一个人与生俱来的自然倾向，但我们之所以害怕看到蛇，或者害怕黑暗，是因为我们的原始人类祖先对这些恐怖有着数千年的历史。这样的个人经历和感受，深深地烙印在现代人的认知头脑中。

（三）集体无意识理论的形成

集体无意识理论是荣格游历和研究了各国风土民情，通过比较研究发现的。荣格指出：现代人的潜意识内容和原始部族的心理特征有许多相似之处。在漫长的人类历史发展演变中，人类具有对世代所积累的有关人类祖先生活方式和经验的先天遗传趋势。它在每个世纪只增加很小的变化，而且这些变化是个人始终无法意识到的精神内容。荣格将分析心理学的研究与现代社会影响因素及其历史文化的研究相互地结合，在社会文化中通过原型来表现。在荣格看来，集体无意识的基本核心是原型或者说是原型意象，而个体无意识的思想内容主要是由一系列带有感情色彩的思想和情结共同组成，原型和情结共同构成了日常生活中的个人隐秘的一面。大脑本身作为一种心理物质的载体，具有其独特属性。这些属性直接决定着一个人会用什么样的方式对自己日常生活中的经历作出回答，甚至直接决定了这个人可能有什么样类型的经历。

人的身心是由进化决定的，因此个体与过去紧密相连。这种联系不仅包括与自己童年的过去，更重要的是与民族的过去，与有机世界演化的漫长历史进程紧密相连。因此荣格确立了精神在人类进化史上的重要地位，使我们可以大致了解集体无意识的内容和性质。首先，集体无意识本身是区别于个体无意识的一个独立部分，它的存在并不仅仅取决于每个人自己获得的知觉和经验。个体无意识是由我们曾经意识到然后被我们遗忘的精神和心理内容组成，而集体无意识的内容在我们的一生中很少被我们意识到。

（四）集体无意识的构成原则

集体无意识有三个重要的构成原则。

原则一：基因组结构和原始驱动能力相互统一。随着医学对无意识心理学的研究不断深入，人们发现了集体无意识的自发性。无意识扩充了原型的概念，使得原型和自发性在集体无意识的内涵中得到统一。由此，荣格奠定了其心灵自主性的基本理论前提，找到了人类基因组结构和原始驱动力相协调统一的基本理论依据。集体无意识的原型结构具有先天性。作为自发的机制，原型和本能在生理发生方面具有一致性，他们都来自生物性的遗传。同时，从心理发生角度来看，作为文化遗传的原始意象与本能也有着密切关系。文化遗传本身就是原始意象的一种记忆性沉淀，是从内容到形式向原型的逆转。基于这种假设，集体无意识在寻求自发机能系统的先天结构过程中，就遵从了双重的遗传机制，即生物本能遗传机制和文化意象遗传，同时集体无意识将代表了集体和个体的原型与本能统一于集体无意识之中。

原则二：潜在的意识和潜在现实意识的相互统一。原型是预先存在的，这种结构确立了无意识也将具有一定的超验性。然而，纯粹的超验总是无意识的。原型要想在现实中得到体现，就必须将自身的潜在意识与现实意识中的情境统一起来。只有在这样的统一中，我们才能真正清晰地看到原型的能量效应，即原型形象的具体表现和形象表现。原型只是一种人类潜意识，它本身就是空洞的，唯有和具体的生活情境相互地直接结合在一起，它才真正能够被我们感觉，才能有所显现。原始意象被人们视为是一种意象的聚集，一方面表达形式通常是个体无意识的自发和心理活动变化过程的结果，另一方面表达形式通常是短期的、不同真实环境情景活动的结果。而这两方面总是刺激着相关的集体无意识的活动。这样看来，原始意象既是当前意识情境的表达，又是潜意识的再现。因此对它的意义的解释，既不能仅从现实意识开始，也不能单从潜意识出发，而只能从它们的相互联系着手。

原则三：个人天赋与沉积文化的统一。集体无意识构成原则包括个人天赋与沉积文化的统一。一般来说，集体无意识是非显性的，它是由无意识的超验性决定的。那些得以显现的原型，并非单纯是某个人简单的无意识的表达，而是整个人类沉淀下来的心理情境凝炼的表达。它所需要表达的无意识内容或者说并非是一个集体无意识的内容，而仅仅只是那些在一定时间里短暂地聚集起来的无意识内容。这些短暂地聚集在一起的无意识内容往往带有很浓的情感色彩，实际上却更多地体现了原型化的意象性的功能。千百年来，人类历史沉积下来的文化通过个体加以不同的诠释和演绎下来，集体无意识正是以个体无意识的情绪意象为中介，通过人与人群体心理间象征的传播，左右着人类的文化与历史。

（五）集体无意识的重要意义

虽然荣格的集体无意识理论是从弗洛伊德的无意识理论传承发展而来的，但荣格的研究在深度和广度上都超越了弗洛伊德。这种超越体现在三个方面：一是荣格关于力比多的理论的发展。荣格反对弗洛伊德的力比多理论，他认为，对力比多的理解不应只停留在性本能的领域，而应扩展到整个生命本能。这种理解就决定了荣格的无意识观有更广更深的基础。二是荣格深化对潜意识内涵的理解。荣格提出集体无意识的概念，使人的心灵超越了个体的历史的局限，上升到整个人类历史积淀的深度。荣格进一步提出：这种先天继承的历史积淀构成了原型，而原型正是象征最重要的源泉。三是荣格对无意识作用的理解超越了弗洛伊德。荣格认为，无意识不应被仅仅理解为表现在违背人类理性和社会秩序的方面，而应更加关注无意识与意识不可分割的整体性，以及它对心理平衡带来的积极影响。这决定了荣格的无意识观无论在理论还是在实际应用中都更加活跃和开放。

荣格的集体无意识这一概念之所以重要，是因为它彻底地突破了弗洛伊德性本能无意识学说的限制，考虑到了社会因素对人类无意识的影响。十九世纪五六十年代，科学心理学作为一门完全独立的学科，和哲学、生理学等基础科学区分开来。这一学科自正式诞生以来，心理学家们就一直在对有关人类的意识问题进行深入的科学研究。十九世纪末，弗洛伊德在奥地利开创了他关于无意识领域的突破性研究，荣格曾是他的追随者。荣格曾经被认为是弗洛伊德的得意门生，后来却由于他和导师之间突然发生了一些意见分歧，而从此走向了分道扬镳的研究道路。其中的一个重要的分歧便是他们对人类无意识实质及其结构的不同理解。弗洛伊德认为，无意识主要指的是人类社会中某些个体在精神受到严重威胁时，被严重压抑或者是被遗忘的各种特殊心理状态的集中场所，因此它通常具有后天性和个体性。弗洛伊德基本上是从个体去研究人的无意识，所以其理论也被称为个体无意识。荣格并不完全同意弗洛伊德将这种无意识仅仅简单地归结为一种属于个体的无意识，他在充分继承弗洛伊德的理论基础上又对这种无意识的基本理论以及方法体系进行了一次全新的理论探索和重大修改。弗洛伊德还提出，意识与无意识通常是直接来自人的经历，由于童年创伤和经历的压抑，无意识逐渐发展。或许正是因为荣格对弗洛伊德的影响，弗洛伊德修正了他的这一基本观点，但无论如何，荣格打破这种严格的社会环境形态决定论，证明了人类进化和自然遗传是人类心理的基本结构。集体无意识的发现为整个现代人类心理结构的发展提供了蓝图，是心理学史上的一个重要里程碑。

第二节 原型的理论

荣格的原型概念与他的集体无意识理论密切相关。但荣格曾明确表示，个体潜意识主要包括各种复合体构成的要素，而集体无意识的内容主要包括原型。集体无意识由预先存在的原型形式组成，它来自某种形式的继承或进化。由于集体无意识本身具有这样的普遍性，它是集体心智模式的体现，构成了一个远远超越个体精神的心理基础。它在我们每个人身上都普遍存在，并在意识和无意识层面上，影响着我们每个人的心态和行为。因此，原型使得整个人类社会具有大致相似的心理内容，所有地方和所有个人都有相似的行为方式。在这种原型心理学意义上，荣格认为历史上所有重要的思想，无论是社会的、科学的、哲学的还是道德的，都必须能够追溯到一种或几种类型。[1]

（一）原型的内涵

集体无意识的内容称为原型。原型的基本概念含义是原始模型，这意味着所有类似的东西都可以模仿这种东西。荣格晚年将全部精力投入到相关原型的科学研究中，在他的许多学术著作中都有对原型的描述。荣格确定的原型有几十种，一类是有关于生命的典型情境，如：出生原型、重生原型、死亡原型、权力原型、巫术原型、英雄原型、儿童原型、说谎者原型、上帝原型、恶魔原型、智慧老人原型、母亲原型、巨人原型；一类是有关自然物体的，如：森林原型，太阳原型，月亮原型，风、水、火原型，动物原型；一类是有关人造物体，如圆形原型、武器原型等。荣格说："生活中有多少典型情景就有多少原型，而这些经历不断地重复并深深地刻在我们的心理结构中。"[2]它根本不是一个充满内容的图像，而是一种初始状态和没有内容的形式。它所代表和表达的只是某种或几种意识或思维和行为的可能性。荣格还认为：原型是人类原始经验的集合，它们像命运一样陪伴着我们每个人，在我们每个人的生活中都能感受到它的影响。

（二）原型与集体无意识

原型是集体无意识的基本内容，和集体无意识息息相关。虽然荣格的集体无意识理论是在弗洛伊德个人无意识的基础上发展而来的，但是，弗

---

1 Jung C G. The Structure of the Psyche. In: The Collected Works of C. G. Jung: Vol8. Princeton, 1977: 342.

2 荣格. 荣格文集：原型与集体无意识 [M]. 北京：改革出版社，1997:105.

洛伊德的个人无意识是针对个人的，而荣格提出的集体无意识的概念则具有普遍性。荣格认为：无意识的表面或多或少是个人的，我们可以称之为个人无意识。但个人无意识取决于更深的层次；这个层次既不是源自个人经验也不是个人后天获得的，它是与生俱来的。因此，荣格把这个更深的层次称为集体无意识。他认为个体无意识只是浮在意识的表面，而集体无意识是每个人与生俱来的，隐藏在无意识的最深处。关于为什么选择"集体"一词，荣格曾解释道：因为这部分潜意识不是个人的，而是普遍的；不同于个体心理，它的内容和行为模式在所有个体中都大致相同。换句话说，它在所有人中都是一样的，因此构成了具有超个体性的共同心理基础，在我们所有人中都具有普遍性。

可见，荣格之所以使用"集体"一词，是因为集体无意识普遍存在于每个人的意识深处，是一种超然的心理形式。关于集体无意识与个体无意识的区别，荣格在《集体无意识的概念》一文中作了较为明确的解释：集体无意识是精神的一部分，这部分精神与个体无意识的区别在于：它不像后者，它把自己的存在归于个人经验，所以它不是一种个人后天的习得。个体无意识很大程度上是由感性结构形成的，而集体无意识的内容基本上是由原型构成的。

集体无意识由原型组成，原型属于集体无意识，但原型可以通过原始意象来揭示。因此，在一定程度上，原型可以被视为原始意象。荣格认为：原型不是由内容决定的，而是由其形式决定的。原型本身是空洞的，纯粹是形式的。它只是一种与生俱来的能力，一种被视为先验的表达可能性。原型，作为一种形式，只有落实在具体的、合理的形象中实现时才会出现。它是从原始祖先那里继承下来的形式，而不是具体的内容体验。

（三）原型理论的哲学渊源

荣格所倡导的原型概念有着深厚的西方哲学渊源。原型的概念可以追溯到古希腊。它的本义是指"原始模型"或"某物的典型形式"。原型是一个涉及哲学、心理学和文学等的多学科的概念。

哲学领域最早谈论原型的是柏拉图的哲学理论，尤其是他的观念论。

在柏拉图看来，哲学的意思是"爱智慧"，是找事物的本源，对其追根溯源；而原型理论正是对人的情感问题和心理现象的追根溯源。柏拉图认为，原型有极高的价值，它被视为是形而上学的思想，是基本原理和范式，而真实的事物则被视为这些基本原理的复制品。柏拉图还认为，艺术是对现实世界的模仿，现实世界是对思想的模仿，因此，只有想法是真实的。柏拉图的唯心主义影响了他之后的一大批哲学家的思想。荣格提出的原型理论也受到了柏拉图的影响。荣格曾经直截了当地称"原型"这个词是柏拉图哲学中的"形式"。[1] 因此，荣格的原型理论也带有形而上学的色彩。他认为原型是超然的，不是由人的意志改变的，是人与生俱来的一种心理形态。

此外，荣格借用了柏拉图的另一个理论，即"灵感论"。荣格将它巧妙地融入到了自己的原型理论中。柏拉图的"灵感论"认为，诗人之所以能创作出伟大的作品，是因为某些天赋的能力使诗人处于疯狂状态。[2] 这与荣格关于艺术创作的理论如出一辙。荣格认为：原型在有创造力的人身上出现，表现在艺术家的幻觉中，体现在思想家的灵感中。这种超个人的无意识就像一个到处传播、无所不知的精神。原型把人看成是古往今来固有的样子，而不是某一时刻所展现的样子。荣格还认为：原型是在艺术家的幻觉中产生的。一旦艺术家处于原型状态，创作的就不是艺术家，而是原型将艺术家带回原始体验中去，使作品充满神秘感和传奇色彩。在柏拉图所讨论的"形式"中，这种原型思想得到了充分而准确的表现。我们可以在荣格的原型理论中看到柏拉图的影子，柏拉图的哲学理论为荣格的原型理论提供了坚实的理论基础。

除了柏拉图的影响，荣格的原型理论也受到康德的影响。在康德的哲学中，他把客观世界划分为自在领域和现象领域。现象界是人们生活的真实世界，而人们对世界的认识是通过自体界的先天形式而得到的。康德的物质自体概念对荣格原型理论的发展和完善非常重要，荣格用"内在经验"取代了康德的"自体经验"，康德是荣格一生的主要启迪。[3] 因此荣格在许

1　冯川. 荣格文集 [M]. 北京：改革出版社，1997：40.

2　冯川. 荣格文集 [M]. 北京：改革出版社，1997：493.

3　凯斯门特. 分析心理学巨擘：荣格 [M]. 廖世德译. 上海：学林出版社，2007：71.

多其他方面也是康德主义者。虽然荣格深受康德理论的影响，但二者也有差异。康德的认识论将知识分为主观和客观两个方面，而荣格更关注人的主观体验，更关注人的精神和灵魂。

荣格吸收了柏拉图和康德的古典哲学理论，奠定其原型理论基础。除此之外，荣格也受到现代哲学的影响。在荣格的作品中多次出现了尼采的名字。尼采的许多思想为后来的分析心理学提供了理论指导。《荣格全集》的第一卷引用了尼采的《查拉图斯特拉如是说》作为原型案例分析。该作品分析了尼采的创作过程，称尼采是典型"幻觉型艺术家""艺术家的个体"、是用生命去创造的哲学家。荣格说："他（尼采）竭尽全力争取生命和本能的权利，但同时他也牺牲了生命和本能的许多方面。"[1] 此外，尼采的悲剧理论对荣格的原型理论以及该理论中的人格面具和阴影理论也产生了影响。20 世纪，尼采提出的"上帝已死"的哲学命题成了西方思想的现代开端。"上帝已死"使人失去了信仰，导致现代人精神空虚，失去精神家园。荣格此时提出原型理论的概念，试图拯救现代人逐渐迷失的心灵，为回归精神家园提供一条道路。此外，另一位哲学家列维·布留尔所说的"集体表征"与荣格想要描述的原型概念具有相同的含义。在他的《原始思维》中，列维·布留尔强调集体表征是指在某个集体中，该集体的每一个成员也将具有深刻的社会历史和文化烙印；同时，根据不同的集体社会发展或其实际运作方式来表现。[2] 此外，"集体表征"还可以直接引起每个群体成员对各种表象相关的社会情感产生尊重、恐惧、崇拜等情感。

另一位影响荣格原型思想的是斯宾格勒。在他的《西方的没落》一书中，斯宾格勒大胆地提出并广泛使用了与原型类似的想法。[3] 他认为每一种文化都应该有自己独特的思想观念，并对生活产生影响。同时，每一种文化还应该具有其象征性的形态和各种表现形式。该种文化中独特概念的象征形象实际上具有一种心理原型的意义和功能，因为这种象征形式的文化形象

1　冯川. 荣格的精神：一个英雄与圣人的神话 [M]. 海口：海南出版社，2006：131.

2　列维－布留尔. 原始思维 [M]. 商务印书馆，2011：73.

3　奥斯瓦尔德·斯宾格勒. 西方的没落 [M]. 陕西：陕西师范大学出版社，2008：110.

在文化及其历史的长期发展中不断重复，影响着一代又一代的重要人物。

　　由此，我们可以看出，深厚的哲学基础使荣格的原型理论具有了扎实的根基。柏拉图和康德为荣格的原型理论的提出提供了外在形式上的支撑，而尼采列维·布留尔的非理性哲学为荣格的原型理论奠定了内在的文化基础。正因为荣格的原型理论有众多的理论支撑才得以形成一种成熟的理论，并在原型理论的基础上发展出了后来的原型批评。

（四）原型的特点

　　荣格分析心理学理论中，原型具有以下几个特点：第一，原型与经验有关。原型是从同一种体验的无数个过程中凝结出来，或者从心理学经验中累积出来的。原始的意象或者原型都是一种形象，它在人类的历史演化进程中不断地发生和显现。因此，它从本质上被认为是一种具有神话色彩的形象，当我们进一步研究和考察这些神话形象时，我们会惊讶地发现，它们给我们祖先提供很多种类型的经验形式。我们可以这么简单地说，它们都是同一个类型的无数体验。第二，原型论是一种神经遗传的心理图式，与人类的各种本能密切关联。原型和本能一样，是构成集体无意识重要内容。换言之，原型是集体无意识的最重要构成部分。每个人本身具有自己的各种生活和思考方式，每个人本身都具有其原始的、典型的在世界上的存在方式。简单来讲，原型文化具有影响先天、遗传等多种心灵价值取向。在我们的无意识中，我们会发现那些与生俱来的个体固有的直觉。这些直觉是通过遗传获得的，我们称它们为：感知和理解的原型。这些原型与生俱来，是所有个人身心健康和生命发展过程中必不可少的心理因素。就好像一个人的心理本能会迫使他逐渐开始进入某种特定的人类存在模式一样，原型也迫使感知和理解进入某些特定的人类范畴。第三，原型是一种社会现象，而不是一种个人现象。从根本上说，只要发现某种现象具有所有自然和人类社会共有的基本特征，那么这就是集体无意识的某种原型表现。不论在哪里，这些原型特征都会产生典型的心理体验和典型的行为模式。原型人物主要出现在各个种族的神话、寓言、传奇故事中，如：火代表"再生"，"毁灭"或者"热情"，又如：老人代表"权威"或"智者"。某一个文化中独特概念的一种象征形式具有某种心理学原型的含义和功能，因为这种形式的意象会经常在该文化的发展历史中出现，对该文化中的所有人都会产生思想和行为上的影响。第四，原型具有历史性和现代性。某些概念的现代性形式仅仅是它们原型概念的各种不同体现。由于人们已经有意识或者是无意识地把这种原型的观念运用到了社会生活的现实中去，使其本身就具有了一种关于心理学本质的原型意义和功效。因为这种原型的形象经常在该文化发展过程中反复出现，对该文化当中的全体成员来说都会产生各种思想与价值观念上的冲击。第五，原型具有普遍性，但是它并不等同于我们在生活中经历的过往。它不是过去留下的深刻记忆表征，也不能完全被视为在心中形成的清晰画面。例如，世界上每个孩子出生时都有一个母亲原型，但这个原型并不等同于孩子母亲的照片。母亲原型更像是一张底片，必须经由后期的发展处理才能逐渐显现。这种预先形成的母亲心理形象，通过现实生活中的孩子与母亲的关系与互动才能逐渐清晰和印证。母亲的外貌特征和特定行为举止，只有通过与宝宝的各种肢体接触和语言交流才能逐渐显现出来，最终成为一个确定的母亲形象。但是，由于孩子和母亲的关系在不同的家庭中表现不同，母亲原型也存在个体差异。此外，荣格还提到，当种族分化出现时，不同种族的集体无意识也表现出基本的差异。

（五）原型与文学

荣格认为，艺术作品兼具历史的超越性和自足性，艺术作品的特殊意义在于它避免了个人的局限，超越了作者的个人因素，以原型为载体实现其超越性。[1] 原型在不同领域有不同的名称。艺术中的原型是指文学艺术作品中反复出现的、连接原始艺术和现代艺术的纽带。例如，神话学研究称原型为"母题"；在原始心理学中，原型相当于列维·布鲁尔的"集体表征"概念……荣格在《心理学与文学》中一书中曾经说过："心理学作为对心理过程的研究，可以也可用于研究文学，因为人类心理是所有科学和艺术所依赖的基础。一方面，我们可以用心理学的研究来解释艺术作品的形成，另一方面，我们可以希望以此来揭示出使人具有艺术创造力的各种因素。"[2]

1　荣格. 心理学与文学 [M]. 北京：三联书店,1987：107.

2　荣格. 心理学与文学 [M]. 北京：三联书店,1987：128.

因此，荣格认为：对于文学艺术作品而言，心理学的主要任务是分析其成就；对于艺术家来说，就是把艺术家作为独特的个体来研究，主要研究的是艺术家的心理结构。因而，荣格在文学艺术中所指原型主要是原始形象或原始经验。神话原型的呈现手段主要是神话和童话，是那些在人类心灵深处关于集体记忆的神话所留的历史印记。保留在人类历史记忆中的神话印记、那些神秘的原始意象并不是有意识地投射到作家的创作中，也不是作家对现实世界的反应。它们是作家对古代神话的内心体验。荣格将这种无意识的创造模式称为"幻觉模式"。这种"幻觉模式"是来自人类心灵深处的陌生体验，仿佛来自人类史前时代的深渊，又仿佛来自光明与黑暗对比的世界。总之是一种超越人类理解的原始体验。

这种原始的体验在作家进行文学创作时会不知不觉地体现在文字中，仿佛有某种魔力在驱使着作家进行创作，尤其是在创作相关的神话传说时。荣格曾有一句著名的论断：不是歌德创造了《浮士德》，而是《浮士德》创造了歌德。同时，荣格还提出了一些文学作品中典型的原始意象，如阿尼姆斯、人格面具、母亲原型、太阳原型、死亡原型、再生原型、英雄原型等等。荣格说："生活中有多少典型的情景就有多少原型。这些经历由于不断的重复而深深地刻在我们的心理结构中，且这种刻画不是以内容的形式体现的，而是一种没有内容的形式，它只代表某种感知和行为的可能性。"[1]

（六）后荣格学派对原型理论的发展

作为荣格的追随者，埃利希·诺伊曼就原型的动力成分，其象征系统、物质成分及其结构进行了进一步阐述。[2]

第一，诺伊曼认为，原型的心理动力和功能主要表现于人类心理内部的各种进程，这些进程主要发生于个人的无意识之中，也发生于无意识与意识之间。例如在积极的和消极的情绪中，在沉迷和对事物的投射中，以及在焦虑、躁狂和抑郁等情境里，在自我心理和被压制的情绪里都会明显地表现出这种效果。无论人的意识对它完全承认还是拒斥，也不管它是否还是处在一种完全无意识的状态或者说已经被人的意识所完全掌控。占据

1　霍尔，诺拜德. 荣格心理学入门 [M]. 冯川译. 北京：三联书店，1987：48.

2　诺伊曼. 大母神：原型分析 [M]. 香港：东方出版社，1998：77.

着整个人格的每一种人类心理和社会情绪，都被我们认为是一种具有原型的能量体现。

对于那些被其直接支配的成年人来说，无意识的这种心理能量构成带有一种强迫性，但同时也伴随着一种浓厚的社会情感性。这种原型的心理驱动力及其作用已经完全超出无意识的阈值，它成为能决定个体人格的无意识精神意志，同时使人格继续不断发生运作和变化。它能够对某种情感、爱好和人格倾向产生影响，并最终对某种想象力、观念、兴趣、精神意识和个体心智施加了某种决定性的心理影响。无意识的具体内容一旦完全得到了人的觉察，它就必然会以一种强烈的意象及象征的形式出现，直接面对所有意识。因为，只有具有意象性而且可以被描述，一种心理现实才可能成为意识内容。即使是作为心理的主导因素的本能，其全部无意识内容对于心理完整性而言至关重要，实际上也是与意象的表达联系在一起的。

第二，原型意象是原型在特定心理中的表现形式。对于每一种不同的原型而言，它的不同方面也表现于不同的意象之中。例如，一个原型可以表现出恐怖和仁慈的互异的意象。心理中的意象象征功能常常对意识产生一种驱策作用。因此，原型的意象具有十分丰富的文化意义和生命活力，它与人的本能对于自然和社会生存的重要性相类似。本能在意识过程中的表现是意识的根本状态之一，作为富于活力的心理活动，意识发生与无意识心理进程在其间的表达具有决定性的联系。这种重要的聚集方式就是无意识的结晶，是无意识凝集了意识，而不是仅仅只有意识自己的能动性。因此，荣格指出：原始的意象可以恰当地用来形容它们作为一种本能的自我认识，或者一种本能的自我描绘。本能驱动和意识是互相依存的，尽管它们从本质上看是彼此对立的。原型在表层面上显现为意识，这是象征的层面。在这里，无意识便会表现出能够达到意识的同等程度的能动性。因此，荣格认为原型先于意识而存在，就总体而言，它们是心理结构的主要因素。换句话说，原型本身实际上就是一种先于意识的核心现象，但是它不仅在意识中作为一个磁场发挥作用，而且通过本能所提供的行为模式指导个人的无意识行为。同时，它也被视为意识之中的一种思维和想象模式，把这些思维素材全部整理成为一种具有象征意义的意象。

第三，我们通过一种原型的物质成分来解释意识所觉察的那些意义和内容。当一种无意识的原型内容被同化时，这种同化现象假设我们忽略了原型的情感性，它所指的就是这些物质成分。我们把属于一种原型的各种象征称为该原型的象征群或象征组合。但是，实际上这种情形十分常见。因为在无意识中，单个的原型难以相互分离，而是处于一种混淆状态，一种最彻底的互渗互融状态。正在分化的意识越弱，这种混淆就相应地越强；而当意识发展到成其为意识、达到更明确的分化时，这种混淆就逐渐减弱。因此，无意识及其原型和象征更加分化的表现，同意识的分化同步发展。

第四，原型的结构是心理组织的复杂网络，包括动力、象征和意义内容，其中心则是原型本身。这种原型其实就是一种表现形式，它在无意识中、但又合乎法理地直接决定了一个人的思想和行为，而且并非完全依赖于一个个体的经验。原型是一个表示永恒的结构性概念。但对意识历史发展的理解和心理治疗的实践证明，原型是心理内在分化的结果。因此，我们通常使用"原始模型"一词来充分强调人类社会发生学概念，用以确定在将其分化成为特殊的各种原型之前，显现于人类社会发生意识早期阶段的各种原型。原型现象的演变和分化进程直接导致了个别原型从巨大的复合物中的演变而来，并且直接导致了相应的各个原型集群的演变和形成。这种演变是平行的，各个象征都得以进行分化、整理。相应于原型潜在的不可见性，各象征是原型显在的可见性。同时，原始模型可以容纳最互异和相反的各种象征。对于意识来说，这些象征是互相排斥的，比如正与负，男与女。以后它们便分裂开来，并按照对立原则排列组合。

（七）原型理论的重要意义

诺伊曼的现代哲学主义思想认为，原型有其重要的临床意义，具有重大创新性和启发性。象征的各种物质成分激活了意识，意识被激活后直接指向象征，并试图去解读这种象征。这就是说，象征既可以作为"能量转换者"，发挥心理动力学的功能和作用，同时它也可以被直接当作"意识塑造者"。[1]它可能会直接迫使一种心理能力去完全同化这个象征中可能蕴藏着的一种或多种不同的无意识内容。由于这些原型和原型意象具有集体无意识的历

---

1 申荷永. 荣格与分析心理学 [M]. 北京：中国人民大学出版社，2012：40.

史渊源，因此，一旦将这些原型理论及其应用引入到临床心理学研究过程中时，实际上医生就是在充分利用病人自己的原型和原型意象来进行心理治疗。在这样的根本意义上，意象、象征与想象也就成为荣格心理分析中最重要的方法与特色。

荣格的原型理论在其他领域也有重要的意义。它在文艺、文学和女权运动等方面也具有广泛的社会影响。一方面荣格对原型主义理论的重要性和突出贡献主要在于他不仅仅是以现代生物学的方式和方法去研究实证个人的心理，而是恢复了其心理自身的巨大感受和力量，不是仅仅把它们只局限于个体被压抑的情绪和性本能以及对个体的创伤。另一方面，荣格原型理论提供了人类心理相似性的基础，指出原型是普遍的心理反应模式，同一性别、同一民族、同一历史时期的人们具有相应的共同的心理特征。特别要指出的一点是，荣格将其心理学的研究与社会影响因素和其历史文化相互结合，他的无意识理论对于认识和理解艺术创作这种非逻辑、不科学的概念，以其情感和直觉来反应虚拟现实的手段和方式都具有深远而又可信赖的启发性意义。它彻底地揭开了人类在艺术创作过程中意识所看不到或者无法察觉到的秘密。荣格原型理论把作家、文学家的视野从表现个体心理，引导到关注社会文化心理，对文学批判的兴起和发展产生了重大贡献。

随着人类不断追求个体化的实现，为了更好地理解原型的概念，我们就必须更加深入理解个人的独特性，了解个人与原型的联系。但是，如若我们与集体无意识深入联系，无意识便越呈现集体化特征，我们就越能在寻求对原型结构的理解时摒弃个人观点的干扰。在人类深层心理结构中存在着某些稳定的联系，在某种程度，心理现象与意识发展历史各个阶段之间相互协调，因此我们可以对特定的原型进行结构性分析。

第三节 原型意象

（一）原型意象的内涵

荣格用原型意象来描述原型将自身呈现给意识的形式。原型意象是基于原型的各种意象形式去详细描述原型，把自己的形象呈现到意识的各种方法和表现形式。原型本身是无意识的，我们的意识无从认识它；但是我们可以通过原型意象，来理解原型的存在及其意义。

（二）原型意象与原型

原型意象与原型有区别也有联系，荣格也一直努力区分原型与原型意象的不同。原型本身就是一种无意识，我们不能从意识的层面去认识它；然而，我们仍然可以通过借助于这个原型的表现来理解原型的本身意义。于是，我们就认为，人类可以将事物原型的重要意义视作是一种象征性质的体现。通过它的具体表现和所提出要求的各种象征，我们就可能更加明白它的原型。比如，出生、结婚、死亡、分离等原型，在其象征意义上来说，都已经是真实再现了某种原型的存在。无意识的内容一旦被意识觉察，它便必然会以具有意象的一种代表性及象征性的方式公开呈现。只要它仍然具有一种意象性并因此而可以被描述，一种新的精神状态就会变成意识的主要内容，即具有可描述性。在这个意义上，荣格曾经明确地高度赞扬了中国的传统文化，赞扬了中国太极图和中国汉字，称其为"可读的原型"。[1]

（三）原型意象的特征

原型意象具有特别明显的特征。首先，各种意象在结构中通常看起来是相互分离的，但有时它们会以特定的表达方式相互组合。例如，如果在一个人身上，英雄原型与恶魔原型紧密结合，最终的结果很可能会成为一个管理严格的高级领导者。再比如，如果一个人身上的巫术原型与出生原型结合起来，最终的结果很可能是"出生巫师"。一些原始游牧民族在他们的传统文化信仰中利用"出生巫师"实行生育礼节，以确保种族的繁衍。也就是说，原型意象可能以各种不同形态进行组合。第二，在内容方面，只有当原型意象成为意识时，它才能被确定下来。某些原型意象对形成我们的人格和行为特别重要，荣格对此给予了特殊的注意。

（四）原型意象的典型代表

荣格曾根据自己的分析与体验提出：在每个人的人格中都具有重要意

1　申荷永. 荣格与分析心理学 [M]. 北京：中国人民大学出版社，2012：59.

义的四种原型意象，这些意象包括人格面具、阿尼玛和阿尼姆斯、阴影以及自性。它们是相互联系和作用的，因而可以说这些原型意象是能够造就个体之间的人格差异的重要因素。这些原型的意象是存在于我们每一个人的内心深处，在意识和无意识水平上对我们每一个人的心理和行为产生了影响。

（1）人格面具

"人格面具"一词来源于古希腊罗马的戏剧表演，指扮演某一特定角色时佩戴的面具，戴上面具后，演员的真面目被遮挡起来，他的声音通过面具脸庞上切割出来的嘴型向外发出。面具一方面解决了一个人扮演多个角色的问题，另一方面克服了剧场的条件限制，让面具角色的表情被远距离的观众辨认出来。荣格将该词引入分析心理学领域，他认为：人格面具是人为了适应环境、获得个人利益而保有的一种情结，是人类经由文化、教育以及社会互动而形成的，是集体心灵以及社会话语创造的，它的存在依附于集体或社会。人格面具的拉丁词是 persona，英文词源为 person，与该词相同词源的有：personal（个人的）、personality（个性）、personage（要人）。在分析心理学中，人格面具只是个人性格的某个面相，它的作用就是保证个人能隐藏他本人的性格，成功扮演某一性格，进而给他人留有好的印象，得到社会的承认。人格面具的另一个名称为：从众求同原型。[1]一切原型都植根于人的天性，它必须有利于个体和种族，否则很难被人类的集体无意识保留下来。人格面具对个人生存意义重大，它保证了个体能够与他人，甚至不喜欢的人和谐相处；它实现了个人与整个社会的合作目标，成为公共生活的基础。事实上，从整个人类发展的维度来看，适应社会生活是人类社会生产和发展的基础，但荣格首次提出：个体适应社会生活的机制实质是一种与生俱来的原型的表现。

人格面具对于整个人格的影响和作用很有可能是有益的，也很可能是有危险的。人格面具的最大好处之一就是，人们通过自己的面具与他人的合作，换得丰富的物质和报酬，过一种更舒适的个体化生活。因此很多人都曾经过着双重的生活：一种是受到自己的人格和面具所支配，另一种是

1　霍尔，诺德贝．荣格心理学入门 [M]．冯川译．北京：三联书店，1987：48.

被用来满足其他的心理和精神需求。

　　每个人都有自己的人格面具，而且可能拥有不仅仅是一个。个体在进行社会活动时可能戴一个面具；当他一人独处时可能会换一个面具；与亲近的人在一起时，他很可能会再次戴上其他不同的面具。总之，所有这些面具的总和就构成了他的"人格面具"。面具可以帮助个体适应不同的环境、以不同的方式生活。个体在不同情形下佩戴不同的面具以适应各种情境的生活，这是推动人类社会变革和发展的重要条件。但是，如果一个人对自己所扮演的角色过于投入，如果他沉沦并高度认同自己扮演的面具角色，那么个体人格的其他方面就会被排斥。像这样被人格面具支配的人，会逐渐疏远自己的本性，生活在一种紧张的状态中。因为，在他过分发达的人格面具和极不发达的人格其他部分之间，存在着尖锐的对立和冲突。所以当一个人过度认同自己的人格面具时，他的人格面具就可能出现"膨胀"。这种"膨胀"的人格面具危害极大。一方面，个体因为自己成功充当了特定的角色，就会试图把这种特殊的角色直接强加给别人，要求其他人也都去担任同样的一种角色。另一方面，人格面具过度膨胀的人本身也是受害者，当他达不到面具预期的标准和要求时，他会因此而痛苦不堪。

　　（2）阿尼玛和阿尼姆斯

　　阿尼玛原型是指男性心理中的女性特质，是男性基于社会心理的需要而呈现的女性社会特征；阿尼姆斯的原型是指女性心理中的男性特征，即她在社会心理中所需的男性特征。荣格称人格面具为精神的"外在形象"，将男性阿尼玛原型和女性阿尼玛斯原型描绘为精神"内在形象"。阿尼玛不仅是男性日常无意识生活中带有女性符号的代偿因素，也是男性心目中最具女性化群体的典型女性符号形象。荣格认为，在男性的无意识中，女性的集体形象是通过自己的遗传手段保存下来的。有了这个原型，男性可以体验到女性的内在本质。阿尼玛是原型表达的原始形式，它使男人有可能拥有一些女性特征或女性基因。它既不会在男人身上显现也不会消失，起到了女性化的作用。

　　每个人天生就具有异性的某些特性，因为从生物学的角度来看，男性和女性都会分泌男性和女性荷尔蒙；从心理学的角度来看，人的情绪和心态同时具有两种性倾向。几千年来，男性通过与女性的不断接触形成了他的阿尼玛原型，而女性也通过与男性的接触形成了她的阿尼姆斯原型。通过长期共同的家庭生活和相互的社会交往，男性和女性都逐渐发展并获得了一种完全具有男女异性共同特点的亲密关系。这些异性的共同特点能够有效保障它们二者之间的平衡与相互协调。

综上所述，阿尼姆斯和阿尼玛有三个重要的来源。首先，阿尼玛是男性从遗传中获得的女性的集体形象；第二，男性在与女性的不断接触中获得了自己对女性的体验；第三，男性自身也具有某种女性的潜在本能。同理，阿尼姆斯的三种来源也是女性通过遗传、与男性接触及从潜在的本源获得的。

阿尼玛和阿尼姆斯都有其积极的方面和生存价值。当一个人积极对待阿尼玛或阿尼姆斯传达的情感、情绪和渴望时，他可以将这些情感转化为某种固定的形式，如：文学、绘画、雕塑、音乐、舞蹈等等。一个人如果长期在这个转化中孜孜不倦地付出，他个人的转化过程就从这种情感逐渐成为现实，固着在这个人身上。这时，人就会在很多方面展现出特殊的才能。再者，如果一个人理解自己的阿尼玛或阿尼姆斯，他或她便会以此为标准来选择爱情，那么他们很可能会获得幸福的婚姻。当一个男性或女性对于自己没有真正意识到的事实感到惶恐不安时，阿尼玛或阿尼姆斯也就有机会从其潜意识中逐渐浮现出来，帮助他们重新分析自我。更为重要的一点就是，阿尼玛和阿尼姆斯可以有效促进一个人身体和精神的健全，保证内核精神价值观相和谐一致。在男人的精神世界里，阿尼玛充当了一个可以通往男人内心世界媒介，也是与其他的无意识自我的引导先驱者进行交流的中介。同理，女性与阿尼姆斯的正确相处，则可以表现为进取和勇气。一个女人可以体验到她的文化的、客观境遇的种种潜在过程，并能找到强化生命的精神途径。它给予了女性勇气，并在女性的无意识自我与创造性的活动中搭建了一座新的桥梁。因此，阿尼姆斯若被控制得当，对于女性来说是颇为有利的。它能够促进女性对于知识及其真理的认同与追求，并将其引导到自觉而又自愿的社会实践中。女性通过正确处理和阿尼姆斯的关系可以更加自如地面对自己，发现接纳他人。

同时，与人格面具一样，阿尼玛和阿尼姆斯原型也具有重要的生存价值。如果我们要真正实现社会人格的和谐平衡，就必须尽可能多的让男性人格中的阿尼玛方面和女性人格的阿尼姆斯方面在个人意识和行为中表现出来。在社会行为中，如果一个男性需要呈现的只是他原始的男性气质，那么他的女性气质很可能会留在潜意识中，这样他的潜意识可能会持续存在一种软弱而敏感的气质。所以，虽然表面上最有魅力，最有男子气概的男性，内心往往是非常脆弱和温柔的。那些在日常生活中过多地向我们展示女性个性的人，在潜意识深处却存留着非常顽强的个性，具有通常不会在他们的外露行为中表现出来的气质。

（3）阴影

阴影是荣格心理学的核心概念，1945 年荣格将其定义为"个体不愿意成为的那些东西"，用其来表达个体黑暗的方面，以及人的本性中那些卑劣的、无价值的和原始的方面。[1] 概言之，阴影代表了个体人格中的消极面。荣格分析师诺伊曼、罗森等人尝试从消极、积极两个方面来认识阴影，认为阴影的消极面代表着受压抑、不受欢迎的特征，而阴影的积极面则包含着不受压抑、理想化特征。

阿尼玛和阿尼姆斯总是投射到异性身上，决定着两性之间关系的性质。而阴影原型则代表一个人自己的性别，并影响到这个人和与他同性别的人的关系。阴影是荣格分析心理学中的一种重要原型，与人格面具正好相反。阴影更加接近人的动物性，是那些被压抑的、不被觉察的人格中的黑暗的部分，是人身上所有最优秀的部分和最低劣的部分之所在。为了顺利地融入集体，成为集体认可的成员，个体就必须压抑阴影原型中原始的动物特质。荣格在《情结与阴影》一书中表示：阴影是一种与人格面具相对立的原型，它是人格结构中集体无意识和文化无意识的重要组成部分。[2] 在整个人类进化发展的历史进程中，阴影具有极其深厚的根基，因而是所有原型中最强大、最危险的。这种原型指向同性别，往往影响到个体和与同性别人的关系。个体对自我阴影的容纳程度决定了他与同性之间的关系。阴影并不是孤立

1　霍尔，诺德贝 . 荣格心理学入门 [M]. 冯川译 . 北京：三联书店 ,1987：48.

2　荣格 . 荣格文集Ⅶ：情结与阴影 [M].吉林：长春出版社 ,2014：190.

存在的，它是性格的有机组成，因此，它以某种方式与个性融合。阴影既有善的一面又有恶的一面。当意识中的自我处于舒适的状态时，阴影与自我能够和谐共处、亲密配合。这时，生命能量从潜意识中释放出来，得到发展，人就会感到自己充满正向的能量。当意识中的自我处于精神困境、面临人生危机时，阴影就会对自我展开攻击。这时，一直潜藏在无意识中负向能量就会表现出惊人的破坏力。

阴影具有两个明显的特征。首先，阴影具有动物性。阴影相较于任何其他的原型，更加容纳了人的最根本动物属性。个体为适应社会生活，需要用压抑阴影的方式显现、驯服和容纳他的阴影原型中的一种动物主义精神。这时，只有通过发展建立起一个坚固有力的形象和人格面具，才能够使这个理念得以实现。一个人虽然可以成功压抑了他自己生命天性中的动物属性，从阴暗的一面转换到文雅的一面，但却必须为此付出高昂的代价。在这样的过程中，个体减少和削弱了他的自然生命活力和开拓创新精神，削弱了他自己强烈的人生情感和深沉直觉。阴影十分顽强。它不易屈服于压抑，且始终保持一定的观念和想象，而这种观念和想象很大程度上对于个人是有益的。由于这些阴影在整个人类的进化历史中已经具有了极其深刻的根基，它很有可能被认为是一切进化原型中最强大、也是最危险的一个。它是我们人身上所有那些最好和最坏的事物及其产生的发源地，而这些事物尤其体现在与同性间的关系中。

在一系列以阴影为主题的著述中，如《分析心理学中的善与恶》《与阴影的搏斗》《灾难之后》《良知的心理观》等，荣格都明确表达了"对阴影意识化"在个体追求完整性过程中的重要心理意义。阴影具有两面性，"让一个人遭遇他的阴影就是向他展示他的光明"正是这种看似矛盾的道家态度，包含了个体实现完整人生所不可或缺的元素。但是，阴影若成为我们的敌人抑或朋友，则主要依赖于个体自身的态度。与阴影相处并不是一件容易的事情，有时需要忍让，有时需要抵制，有时则要给予爱。作为一个重要的原型，阴影的存在有利有弊。因为阴影非常强大并具有弹性，它可以引导每个人进行更多的创造性活动。所以当自我与阴影相互配合、亲切和谐时，个体会深深感受到自己充满了新鲜的活力。此时，自我并没有被阻挡，而是引导着自我的生命力不断地从本能中释放出来。意识的范围一旦扩大，人的各种生理、心理活动和精神行为就会变得更有活力。比如，一个有创造力的人，总是显得充满动物精神，因为他的阴影随时都有可能压倒自己，让他时不时地觉得疯狂。当然，阴影也有其邪恶的一面，邪恶的因素往往被迫退缩到无意识中。因此，当一个人认为自己状态良好时，那些不良的心理因素就会一直潜伏在他的潜意识中；而当一个人突然陷入了人生的困境，发生了精神上的危机时，阴影就有可能会充分利用这种机会对自我实施其力量。

（4）自性

自性原型的概念，是荣格对集体无意识问题进行研究的最重要成果。自性原型就好像一位处于内心深层的向导，它与认知意识中那个外在的自我也有很大的区别。自性的原型能够影响、调控和制约某一人的性格，促使其人格的成熟。经由自性的发展，人就会更自觉地发展出自己的情绪、感受、理解能力和对生活的向度。自性的原型被认为是荣格所发现的最重要的原型，他曾经总结道：自性本身就是我们人类生活的一个目标，它也就是那种我们所谓的"命中注定"，而且被我们视为最完整化的组合表现。

所有人格形成的最终目标，都是充分的自性完善与自性的实现。而且自性的真正实现很大程度上需要依赖于自我协同。因为如果自我把来源自性的各类信息放在别处，置之不理，一个人也就不会有办法达到对自己的认知与理解。自性的前提必须是形成自觉的意识，这样他们才会使人格获得足够的个性化。从这个意义来讲，对于自性的理解只是能够获得这种自性的最佳路线。因此，个体不应当太多地强调其自性的全面完满和实现，而应当重视其他方面的认知。人格的自性得以完善，是每一个人在其生命中所必须面临的最为艰巨的挑战和任务，自性的完成需要不断地调整、持续的忍耐及高度责任感。个体经常通过意识让本来应该属于无意识的事物被自己意识化，这样就可以和他自己的整体性格关系保持更大的和谐。如果一个人并不能够真正理解其无意识或者自性的原型，他就会把无意识中所遭受的或压抑的各种心理因素直接地投射给他人。比如说，当一个人有意谴责别人的某些行为或者过错时，实际上那恰恰可能是他自己的过错未能被真正看到或认识到。因此，他一面批评或者指责别人，一面也是在把他自己无意识之中的一些事情直接地投射和表达出来。个体对于自性的认知能够揭穿无意识发挥的投射影响，使得个人与其他人、与自己都有机会相处得更加和谐。

第四节 情 结

（一）情结的发现

荣格在运用词语联想实验方法来进行探索和研究时，最早就提到了"情结"这个概念的存在。荣格把一张单独的词汇表上的每一个词，一次一个地认真读给受试者听，并且要求每一位受试者都必须对首先引起感觉、触动其心灵的词做出反应。结果可以发现：受试者针对词语做出反应所花费的时间与精力差别非常大，同时受试者却说不出任何原因。有时，受试者的反应会出现延时，这种延时是因为某种抑郁情绪，或是阻挠或者妨碍受试者做出应答的无意识状态所导致的。通过进一步的探究可以发现：与产生延时反应的某个单词相关的某些词汇也可能导致该类延时反应。因此荣格总结说：无意识中存在着有互相联结的各种情感、思维和记忆的内容，当个体再次接触到这一内容或语词时，就会对之产生一种滞后性的反应，这些内容便是情结。对这些情结的深入研究显示：它们好比是一个完整的人格里面那一个个互相分开的小人格。它们都是自主驱动的，有自身的推动力，而且都可以很好地、强有力地控制我们的观念和行动。所以，当我们在谈论某人具有特定情结时，我们所要表达的意思是指他执意或者无限期地沉迷于某种事物而不能自拔。一种很强烈的情结容易被别人注意到，而他本身却毫无意识。荣格把情结这个名词引入了我们人的日常生活中。情结是一种具备相对独立性的无意识物质集合，它直接决定了我们这个时代人格的诸多重要方面。

（二）情结的内涵

荣格认为，情结实际上是一种现实心象与意念的集合。情结包含了一个源于某一原型的内涵，这一原型具有了某种特殊的情感基调。情结基本上都是作为一种"自主性"或"自治性"的状态存在，它可以和我们的整体心理保持关联，但有时它很可能直接导致我们分裂、脱离甚至独立。因此，情结的产生和消失有其自身的规律性。个体往往无法完全影响和控制情结，甚至个体也无法完全控制人的意识自我。情结往往是在我们的潜意识中逐渐形成和积累的。当它逐渐发展壮大并达到一定程度时，就会不断寻找某种机会发生，然后表现为我们的另一个人格和自我替代。

（三）情结的表现

从传统医学和临床病理意义上分析，情结大部分都是因为典型的精神分裂症造成的，诸如创伤性的生活体验、情绪上的困扰或者个人道德上的冲突等，均有可能直接造成某一类型的情结。若是一个人完全认同于自己情结，则往往也可能直接使自身表现出某心理上的疾患。弗洛伊德的"俄狄浦斯"情结以及阿德勒的"自卑情结"，都曾经是非常有名的例证。弗洛伊德在其著名的《日常生活心理病理学》中所详细描述的各种诸如口误、笔误、忘记熟人的真实身份和姓名等各种影响日常生活的心理现象，都可以被我们看做是情结的一种具体表现。[1]

（四）情结对人格的影响

荣格曾说："不是人支配着情结，而是情结支配着人。"[2]因此，荣格认为：精神分析治疗的根本工作目的之一就是医生通过不断分解、消除各种精神情结，使患者从始终笼罩他的各种疾病情结中解放出来。一旦某种情结被引发，并逐渐产生其主导作用，不论当事人是否真正意识到，都会对他的各种精神心理和社会行为方式产生强烈影响，甚至可以说这种影响是主导性的。某种强烈的情感，快乐或悲痛，感激或者愤怒，总是伴随着某种情结的触发而突然发作。而很多时候，我们往往不能理智地思考如何表现自己，而是完全由情结占据自我而失去情绪控制。在这种心理意义上，情结的发生实际上就是类似于触发一种固有的精神和心理本能。但这种本

1　申荷永．荣格与分析心理学 [M]．北京：中国人民大学出版社，2012：78.

2　霍尔，诺德贝．荣格心理学入门 [M]．冯川译．北京：三联书店，1987：48.

能一旦触发后，就可能依靠它自身的心理法则来自主地行事。因此，受到某种情结影响和控制，对于人格的发展意义重大。一方面，当这种情结直接根植于神经系统时，人类的调控机制就可能会受到抑制；当个人被情节所支配时，人格中负性的能量就会发挥其威力。另一方面，情结文学可能被人们视为是产生灵感与思想动力的一个摇篮。当这种情结被我们视为一个人身体上和心理上的能量与行为动力起点时，它就常常可以用来引导一个人不断去尝试，找到一种有意识的方式来面对自己内心中较为隐蔽的立场。这时它便成了一种极具启迪性和创造性的精神源泉，引导人的事业不断取得新的伟大成就。

（五）情结与文学

荣格认为，好的作家往往不能像普通人那样幸福快乐地生活，因为他们常常被艺术创作的情结所困扰。强烈的情结会推动艺术家追求完美，较弱的情结会直接限制个人才能的发挥。荣格由此得出一个合理的结论：人的情结更能显示出人类精神生活的焦点。例如，一个痴迷于文学创作的人不仅仅满足于简单的文学创作，他必然会追求创造某种最高层次的文学作品，不断寻求途径提高创作技巧。这种对完美的极端追求可以归因于强烈的情结。可见，无意识情结可能代表消极的一面，但也能给我们带来有生机的一面。虽然情结可能会给艺术家的生活带来一些重大障碍，但它也有可能指导我们走向一个新的领域并最终取得成功。

（六）情结表征

荣格利用语词联想进行了测验，尝试在实践条件下，发现产生情结的各种表征。通过受试者对某一个语词产生迟缓性的反应，就能够推算得出这一类思维状态在受试者心理量值上的差异和强度。

荣格曾指出，一旦出现对自我的过度补偿，我们便很难发现隐藏的情结。所谓过度补偿，是指一种核心情结被另一种具有更高的心智能力值的情结所掩盖。这种心理情结之所以具有较高的心智能力值，是因为被情结操控的人故意将自己的价值取向从真实情结转移到另一个伪装的心理情结上。例如，一位男子气概不足的男性会因缺乏阳刚之气而自卑，这时，他很可能会出现过度补偿情况。这种过度补偿表现在身体上时，该男性就是通过锻炼，向他人展示他结实的肌肉；这种过度补偿表现在语言上时，他就会到处吹嘘自己的男子气概，宣称自己不喜欢接触任何看起来很女性化的东西。本质上说，这是因为他自己有过于强大的女性气质造成的自卑，所以他表现出对别人的女性气质很敏感，并且会提出过分指责。过度补偿的另一个例证是个人可能会因强烈的负罪感而故意犯罪。这种类型的人通常渴望被他人惩罚或逮捕，甚至他还会为此精心策划，其目的是尽快被逮捕。这种惩罚或逮捕对他最大的意义在于，通过上述方式，他可以暂时有效缓解心里的内疚感。情结不仅出现在成人身上，儿童身上也经常会有类似的表现。很多情况下，我们发现儿童会故意做错事来激怒别人。这种故意挑衅行为背后的真正动机是需要他人关注的心理需求。因此，一旦确定了真正的情结，治愈起来并不困难。但如果我们总是专注于治疗这种"伪装"的情结，治愈的机会就非常渺茫了。

因此，对于分析心理的治疗而言，其主要研究目的不仅仅是为了让患者完全消除他们的消极情结，而是通过他们对情结的深刻觉察与正确理解，通过了解个体情结在他们的日常心理和实际行为中可能扮演的重要角色，来分析触发情结的原因，并以此来有效率地降低情结可能产生的各种消极影响。从这一理论来看，只要我们没有正确的心理察觉和自我认识，没有恰当地了解情结，我们便可能在不同程度上被动地受到这种情结的影响。而一旦当我们真正正确认识与了解情结的某种本质意义，情结就已经失去了对我们生活产生的直接影响。虽然情结并没有完全停止或消失，但会逐步地减弱消极性的影响。

第五节　人格类型

1921 年前后，荣格提出了人格类型理论。荣格认为：人格是心理在外部世界的表征。在荣格的人格类型理论中，内向（或内倾）和外向（或外倾）是两种基本的心理态度；同时人的心理还兼具四种功能，即：思维、感觉、直觉和感受。内向和外向这两种基本的态度是我们每个人适应生活的心理模型。内向的人能量和兴趣指向内心世界，外向的人能量和兴趣指向外部世界。内向和外向并没有任何必然的好坏评价。外向的人有主导着向外发展的动力，内向的人则有种向内发展的动力。但是，当任何一种倾向发展到极端不平衡时，它们往往会成为心理冲突或心理情结的根源。因此，人格类型的临床意义就在于我们每个人都需要在自己的心理发展过程中平衡或重新整合这种内在能量或内在驱动力。

内向与外向的基本原因其实是生命能量的发展与表现。因此，荣格区分出有四种基本的心理功能。荣格把直觉和感知看作是接受信息的认知功能，把思维和感受看作是处理信息的判断功能。直觉功能接近洞察力，能从宏观的角度把握眼前的情况和事物；感知功能表现为善于捕捉细节，接受各种真实信息。思维功能体现分析和逻辑判断；感受功能是将自己置于适当位置的能力。简单地说，作为一种感知人格功能强大的人，他会告诉我们事物的存在；思维功能强大的人告诉我们事物是什么；感受功能强大的人告诉我们事物存在的价值，而直觉功能强大的人则告诉我们事物变化的可能性。

当我们把两种基本态度和四种基本心理功能相互匹配时，就会产生八种基本的人格类型，如：内倾思维型或外倾思维型、内倾感受型或外倾感受型等。一般来说，内倾感知的人善于发挥自己的身体和感官能力，根据内在的感官在外部世界表达自己；外倾感知型的人则倾向将所有的能量都贡献于对外部世界的探索。内倾思维的人往往遵从自己的内心标准或意见，即刻开始解决问题的过程；而外倾思维的人往往会在他们关心的周围生活中找到意义，相信外在的事物是由逻辑和理性决定的，而不是情绪和情感。有内倾感受倾向的人往往会用自己的内在标准来判断他人和事物；具有外倾感受倾向的人往往与社会或传统文化的价值观相一致。内倾直觉型的人往往善于运用内心世界的智慧；外倾直觉型人则对问题有自己独特的远见和想象力。

我们每个人都会有自己的优势人格类型，或称之为主导性的心理态度与功能，大多反映在我们人格的意识层面。比如，当我们说一个人是外倾思维型的时候，那么他的外倾性心理态度与思维型的心理功能就是他的优势。而同时，内倾的心理态度与感受型的心理功能也就会成为他的弱势。就荣格人格类型理论的临床应用而言，意识层面的弱势，或在意识层面没有得到充分发展，甚至是没有受到重视的心理态度与功能，往往也就会在梦中出现与表现，作为一种无意识的补偿。而作为心理分析的一种目标，则是让我们能够在保持我们优势人格功能的前提下，发展我们的弱势人格功能，从而达到一种完整的人格发展。按照荣格的理论，当我们的四种功能处于平衡与和谐状态的时候，当我们的优势人格与辅助人格和弱势人格等相互补充的时候，我们就和自性发生了联系，从而有了真正的人格的核心。

第六节 人格动力

上章节主要就人格类型相关理论予以阐述，其重要性得以有效发挥的先决条件在于能否实现能量的有效获取。为此，本章节旨在就如何将所获能源予以合理分配以及能量获取的途径、能量性质等予以阐述。

（一）心理能量与心理值

（1）心理能量

心理能量指的是人格类型所需能量，荣格、弗洛伊德等人在就人格类型进行研究时均将这种能量称之为"力比多"。但二人对于"力比多"的定义却给出了不同诠释。前者提出，力比多的获取渠道在于性能；后者则认为力比多指的是欲望，且该欲望涵盖物质与情感两种形态，就物质方面的欲望而言，可表现为性欲与食欲；就情感方面的欲望而言，可表现为人的意志力与潜意识中的斗志。

能量对于人体的重要性不言而喻，其不仅是支撑人体生理活动诸如呼吸、健身等的重要支撑物质，亦是人体心理活动诸如思考、记忆等活动中不可或缺的关键因素。基于上述阐述，通常可将能量划分为心理能量与生物能量两种不同类型。本文旨在就心理能量予以详尽阐述。其作为一种类似于人类先天性物质，既有着潜在性，亦有着客观性。其客观性往往表现为实在的心理能量，其潜在性往往表现为一种潜在能量，能够在某种特定环境下被有效激发。

心理能量往往源于人体的某些过往经历，其转化历程与生物能量类似，均是消耗—产生—消耗的过程，此过程是一个循环往复的过程，不会被外力所中断。区别在于生物能量所消耗的多为食物，而心理能量消耗的多为过往经历。客观来讲，基于心理能量处于时刻运转与消耗状态，人类往往会将之忽略。诸如人体睡眠状态下所产生的梦境，通常情况下人类往往仅能够将梦境中的某些内容进行碎片式回忆，但实际上人类整夜都在做梦，而并非所回忆的片段。

多数人基本上会将心理活动与有意识活动等同对待，往往内心无法彻底接受心理活动是一种不间断行为的观点。在人的潜意识中，只有在进行有意识活动时才会产生心理活动，这种观点显然是不科学的。

（2）心理值

心理值概念的提出源于荣格，其认为，心理值指的是基于实现特定心理要素在心理能量中的合理衡量分配的量表。该量表与人的情绪波动有着较为明显的关系且二者呈现出明显的正相关。即心理值越高，相应的情绪或者想法则越为明显，进而越能够激发人体的下一步动作或者行为的实施。以艺术为例，若一个人对艺术美的价值重视度很高，则其会就如何实现艺术美付出大量的精力成本，反之亦然，若一个人对于艺术美的价值不重视，则其不会为此而付出大量的精力并进行追求，所反映出来的则是心理能量投入不高。客观来讲，心理值可以进行量化处理，但心理能量在某种特定心理要素上的投入是相对确定的。一般情况下，个体能够基于对两种不同心理值予以测量与比较来就二者的相对程度予以确定。诸如艺术、财富，可通过对比二者来得出个体更倾向于在哪个方面进行心理值的投入。

现阶段针对心理值所进行的相对量化，比较常见的方法有观察法、衡量相对心理值法、障碍法与梦境记录这四种，本文分别就此做出阐述；就观察法而言，旨在基于对个体在不同活动中所投入精力多少来就个体不同活动行为下的心理值予以观察比较。诸如观察对象每周仅用一个小时进行锻炼身体，而用五天时间从事生意，则不难发现观察对象对于生意所投入的心理值要远高于在锻炼上所投入的心理值；就衡量相对心理值法而言，指的是基于对个体针对多种事物予以选择，其所选择的结果往往会与个体对选择对象的心理值予以直观显现；就障碍法而言，指的是针对个体在实现某项目标的道路上进行障碍设置，从而观察其为能够实现该目标而去解决障碍的坚持程度从而有效了解此目标在个体心中的心理值多少；通常若一个人有着很强烈的攻克障碍意愿并为此付出大量精力，则其对于目标所赋予的心理值则显而易见，反之亦然；就梦境记录法而言，旨在就个体进行梦境记录，借此对个体在哪个方面的心理值较为集中予以做出有效衡量。换言之，若一个人的梦境中经常出现财富，则不难发现其对财富往往有着较高心理值。

客观来讲，人的心理作为一个动态系统，是时刻在发生变化的，会针对不同事物进行不间断判断与评价。换言之，个体会基于不同心理活动而进行差异化的心理值分配，且分配比例处于时刻变动状态。以学生为例，若其临近考试时，则往往其心理值的分配会倾向于习题训练，考试结束后，其心理值分配往往会倾向于游戏或者运动等方面。心理值的分配会基于事态、时间等诸多因素的客观影响与制约而时刻发生变化。

观察法作为针对心理值相对强弱予以衡量的一种方法，往往仅能够就个体自觉意识的心理值取向进行有效解释，对于无意识的心理值所作的解释往往无效。诸如个体某项意识活动的心理值突然消失且另一个意识活动的心理值尚未出现，基于能量守恒原则，消失的心理值则被认为是无意识中所存在的心理值。上述章节中关于情节理论则是就该论断予以验证的有效辅助方法。即能够通过对某种情结的内聚力来就无意识中存在的心理值予以测量判断。

上述章节提出，情结旨在由一个核心或者中心的心理因素构成且在该因素周围聚拢大量次级关联物。这些次级关联物的数量多少与情结凝聚力以及心理值三者间均呈现明显的正相关。举例来讲，若个体情结倾向于权力，其核心心理因素在于管理他人，在该核心周围聚集的次级关联物为做关键性决定、崇拜英雄等，则该个体的每次新体验均将被权力情结所吸纳。荣格为此提出，情结同化能力的高低决定着该情结赋予心理值的高低。

（二）等值原则和均衡守恒

（1）等值原则

心理动力学中所关注的焦点在于心理能量与心理结构中的分布情况以及能量在心理结构中的转移情况。等值原理本质来讲，源于能量守恒定律。荣格所提出的相关理论提出，等值原理指的是某种特定心理元素中所涵盖的原始心理能量若出现数值上的变化则其增加部分或者减少部分必将在另一个心理元素中等值出现。换言之，存于心理结构中的心理能量总量不会发生变化，只是由一个心理结构转移到了另外一个心理结构或者另几个心理结构。基于心理活动是不间断的，若其关注点不在一个事物上，则势必会转移到另外一个事物或者另外几个事物中而不会消失。以学生的学习为例，若学生在学习中投入的心理值减少，则减少部分心理值不会消失而是向着其他方面诸如运动、游戏等层面转移。换言之，则是学生的兴趣由学习兴趣向着游戏兴趣或者其他兴趣发生了转移。

不可否认，在某些时刻，某个心理结构中的心理能量减少后并未发现减少部分的心理能量向其他心理结构转移，此时，精神能量则是由有意识的心理结构向着无意识的心理结构进行了转移。无意识心理结构分为个体无意识与集体无意识两种心理结构，且其中任何一种心理结构都离不开能量的支撑。上述章节曾明确表明，大部分活动只能够通过个体的某种行为予以推断而无法对其进行直接观察。诸如孩子开始离开父母独立生活时，心理能量此时通常会发生无意识转移。具体来讲，孩子在离开父母之后，内心会无意识地幻想一个能够替代父母出现在自己身边的人，此时老师或者父母的朋友、亲戚等往往会潜意识被孩子作为父母的替代对象。此种无意识转变客观印证了有意识的心理价值与无意识的心理价值能够在某种特征方面划上等号。表面来看，孩子对于父母的心理值在其独立生活时呈现消失状态，但实际上，其心理值只是转移到无意识中，之后将其转移到其所幻想出来的能够替代父母的替代对象方面。借此能够确定，若个体的性格发生突变，则其根本原因在于心理价值观的改变。通常而言，人类行为尽管受到无意识心理值的制约且这种制约作用会随时存在，但其所显现出的影响往往并不会出现戏剧化转变。

一般而言，心理能量在人格系统中的总量并不会发生改变，基于此，人格系统中的特定能量往往被系统中的诸多结构予以争夺、分配。若其中的某个结构所获能量较多，则其余结构所获能量势必减少。举个例子，可将人格系统中的特定能量看作是一个人的固定收入，而诸多结构可看做是收入支配的诸多方面，诸如日常消费、化妆品支出等，基于收入是固定的，若其中一方面的支出较多，则其他方面的支出则势必会减少，为此，人类在进行消费支出时往往会对消费的各个方面予以均衡分配。同理，人格系统中的特定能量亦应合理分配给各个结构。对于如何予以分配将在下章节均衡原理中予以详尽阐述。

荣格提出，人格系统中的特定能量在不同心理结构进行转移的过程中，该心理结构的特征亦会随之向另一种心理结构转移。以权力情结与爱情情结为例，若心理能量从前者转移到后者时，则前者心理值的某些特征亦会在后者心理值中予以显现。此时，人类在权力情结中的支配他人的特征会体现在爱情情结中，并以支配伴侣的方式予以显现。

客观来讲，人格系统中的特定能量在不同心理结构进行转移的过程中应保持总量不变，即一方心理结构中的特定能量增加，则转移方的心理结构中的特定能量会等值减少。换言之，若个体对某种事物有着较为浓厚的感情，则只有当另一种具备同等强度的心理值事物出现时，才能取代个体对于原本事物的感情。然而某些时候，个体对于新事物的感情无法将原本事物的感情全部吸纳，则未被吸纳的心理值则会进入到无意识中。

纵观现阶段国内外关于等值原则的相关研究文献，不难发现对其所做研究多停留于对单个的心理要素或心理值的探讨研究。本书旨在就等值原则是如何在涉及人格的主要结构——自我、阿尼玛阴影等过程中发生作用的探究。客观来讲，尽管等值原则对于行为的影响具有现实意义，但其所发生的作用依旧是相同的。若心理值能够从自我向人格面具进行大量转移，则其对于个体行为将会产生显著影响。此时，个体将戴上人格面具，将自我转化为他人眼中的模样，此时个体的人格将会与人格面具展现出特征方面的趋同性。研究证实，若人格系统中诸多心理结构中的某一结构过于发达，则其能从其他心理结构中夺取特定能量。心理结构对于特定能量的夺取取决于心理结构能否牢牢束缚住特定能量，若其对特定能量的束缚较为牢固则夺取较为困难，反之则十分容易。

上述事例中就心理能量是否能够从自我向人格面具进行转移给予了明确，但客观来讲，能量转移并非仅能够通过这种相对直接的方式进行转移，某些时候，能量在一种心理结构消失后，并未全部等量转移到另外的一种心理结构中，消失部分往往会存于无意识中或者同时转移到多个心理结构中。基于人体会不断从外部世界吸纳新的能量加入，从而客观导致某种心理结构或者某几种心理结构中的能量增加。荣格提出，这种新融入人体的能量会与原本的特定能量进行多个心理结构下的重新分配，借此形成真正的动态心理学。

综上所述，等值原理旨在就能量在诸多心理结构进行转移时确保心理值总量不发生变化予以明确。心理值能够通过人体接触外部世界而不断增加至人体的精神系统，但其不会从人体精神系统中凭空消失。

（2）均衡原则

等值原则就精神系统中能量在不同心理结构中的转换予以阐述，但并未就能量流动的方向予以诠释。基于此，不少人存有某种疑虑，即心理值能从自我向人格面具转移，为何没有向阴影或阿尼玛转移？关于这一问题可通过精神系统中的能量转换予以解答。该问题的原因在于人格面具所拥有的能量通常少于较之阿尼玛或阴影所拥有的能量，其对于能量的需求更为迫切。

物理学中的熵定律就能量流动的方向给出了明确说明。熵定律提出，不同温度下的两个物体在接触过程中，温度较高一方的物体会将其热能向温度较低的物体一方进行转移，热能转移的过程会维持到两个物体的温度完全等同后予以终止。同理，保持两个不同水位高度的水容器间渠道畅通状态下，水位较高一方的水容器会将其水流向水位较低一方的水容器进行转移，转移的过程会维持到两个水容器的水位完全等同后予以终止。由此客观证实，两个物体相互接触时，能量较高一方物体的能量会向能量较低一方物体予以转移直至双方能量等同为止。

荣格基于熵定律就人格的动力状态进行了描述，其提出，心理系统中能量的分配旨在实现诸多心理结构间的心理值平衡。换言之，若两种心理结构的心理值强度不同，则较强一方的心理结构会将其心理值向较弱一方的心理结构予以转移直至双方的心理值趋于平衡。本质来讲，墒原理旨在实现心理系统中心理值在各个心理结构中的绝对平衡。但客观来讲，该目标永远无法实现。该问题的原因在于若实现了墒原理的绝对平衡目标，则能量交换将会不复存在，精神作用也将停止。

与此同时，基于心理值会通过接触外部世界而不断增加至人体的精神系统，客观导致人体精神系统并非完全封闭的系统，新融入的能量会将原本的固有格局予以打破并重新分配能量。新能量的涌入，会导致原本人格动力系统中各心理结构间所维持的某种平衡格局予以打破，此时人体内心世界将不再平静，而是被紧张、焦虑等诸多情绪所代替。从某种程度来讲，心理能量在各心理结构中的分配是否合理，直接决定着人体的内心情绪波动状况，且二者间呈现为明显的负相关联，即分配愈合理则情绪波动愈小，反之，分配愈不合理则情绪波动愈剧烈。当这种心理能量分配不合理状况达到一定程度时，人类内心会承受剧烈冲突，甚至最终会犹如火山爆发般，导致人格崩溃。

荣格提出，心理系统中能量的分配旨在实现诸多心理结构间的心理值平衡，这种平衡会导致某种强烈且持久的综合。与此同时，这种综合能够导致两种心理结构相互交融。诸如一个人的阴影原型若明显强于阿尼玛原型，则后者会试图向前者汲取能量。而在后者向前者汲取能量的同时，会有更多的外界能量灌入到前者中，从而导致某种单方面的冲突始终存在。若最后这种单方面冲突被妥善解决，即前者结构与后者结构在能量上实现了某种平衡，则这种平衡将难以被打破。从某种程度来讲，前者结构与后者结构的结合在此情形下会是一种特别有力的结合。而这种结合下的个体往往会表现出一种刚柔并济的行为，因此这种结合可谓是个体能够呈现的最佳状态，但一般情况下，这种结合往往难以实现。

客观来讲，诸如阴影、情结、阿尼玛等心理结构间会建立强有力的联合，人与人间往往也能够建立某种类似的联合。诸如两个性格迥异的人可能会成为无话不谈的朋友，或许二人间会出现争吵，出现隔阂，但总有一天二人会放下一切芥蒂，称为朋友或者兄弟。然而从另一层面来看，这种结合往往与阴影原型与阿尼玛原型所建立的最佳平衡状态难以实现一样，两个人之间的最佳平衡关系也难以实现，多数时候，两人间基于性格等的差异化，会形成对立关系，鲜有密不可分的状况发生。

个体内心世界的冲突，其原理较之人与人之间的冲突类似，荣格曾提出，人与人或者人与其他物种间的冲突状态即便不会始终与个体内心世界冲突相似，也往往是人格内部冲突的一种映射。诸如夫妻二人间闹别扭其本质就是阿尼玛原型闹别扭。一个人对另一个人进行讨伐，其所讨伐的所谓不道德或者罪恶的事情，究其实质，是讨伐的其自身无意识中的阴影。

一般来讲，个体在遭受到外部世界刺激后，所产生的新的能量往往会对其自身精神带来紧张感与压抑感。通常情况下，这些外界纳入进来的能量不会导致个体产生严重心理失衡，但其前提条件是纳入的能量能够与原本的特定能量达成某种均衡状态，若该状态被打破，则会导致个体因外界能量的纳入而产生严重刺激，严重者甚至会通过封闭自己的形式来进行躲避，即学术上所说的抑郁症。荣格在就精神病患者进行研究后，发现在这些病患身上存有一种情绪反应迟钝。一般情况下，这些精神病患者面对某些可能会诱发情绪反应的情境时往往不会作出相应的情绪反应，仅有当这种情境将其精神外壳刺破时，才会导致强烈的感情倾泻。客观来讲，不仅是精神疾病患者，多数正常人往往为避免被外界所干扰，也会通过一系列举措来将自身的心灵予以关闭，避免听到任何可能会干扰自身信念的信息。这些将自己封闭的个体往往内心缺乏安全感，同时有着极深的偏见，性格方面多为保守型性格。基于此类人群不愿意去迎接新鲜事物，长时间下去其精神状态会愈发趋于死寂，而这种状态仅当其处于一个封闭系统内才有出现的可能。

通常情况下，人们会对年轻人与老年人这两个不同群体分别赋予狂躁与宁静两种截然相反的精神状态。之所以会有这种差异化区分，就年轻人而言，主要原因在于年轻人正处于生理变化期，当大量外界能量涌入其精神系统时，会对其内部心理造成强烈冲击，依据墒定律，这种突然涌入的外界能量不会在短时间内被诸多心理结构予以合理分配，导致诸多心理结构的心理值无法实现均衡状态。基于各心理结构的心理值均衡需要一定的时间，然而在此过程中，不可避免会有来自外界能量的继续涌入，从而形成一种现象，即两种不同的心理值已经差不多达到了某种平衡，又突然间涌入一种新的心理值，心理结构不得不对新的心理值予以重新分配，人体在这种不断涌入-分配的状态下，往往会呈现出诸如冲动、易怒等行为表现。就老年人而言，本质来讲宁静状态与年龄间并无任何关系，之所以会出现这种明显差异化，究其原因在于老年人自身的过往经验所致，其经验往往已经深深融合到其人格中，由此造就了这种宁静的精神状态。对于老年人来讲，基于长期的经验累积，轻易不会因外界刺激而产生情绪上的波动，换言之，外界涌入的能量仅占据其固有特定能量的极小比例，因而对其所产生的影响十分微弱。

　　均衡原则在整个人格动力系统的深化落实，需要解决一种客观存在的障碍。即当某一心理结构在整个精神系统中异常发达且占据强有力地位时，其通常会倾向于脱离精神的其他部分而独立出来。该心理结构往往会对精神系统中的特定能量形成垄断效应，这种现象的发生显然已经背离了均衡原则。因此客观导致人体精神变得极不平衡。占据主导地位的心理结构基于对其他心理结构能量的获取以及外界能量的获取而变得愈发强大，相较之下，其他心理结构则愈发弱小。客观来讲，人体结构中的这一现象尽管能够维持一段时间的稳定，但在均衡原则的作用下，这种不合理的稳定终归会被打破，而一旦占据主导地位的心理结构被打破后，其能量外流亦将引发更为严重的后果。

　　荣格提出，所有极端状态都有其隐含对立面的存在，某种占统治地位的心理值，可能会在某一瞬间向其对立面转变。换言之，一个拥有强大权力情结的人，可能会在某一时刻变得谦恭；或者，一个拥有强大人格面具的人，可能会在某一时刻卸下面具，甚至做出危害社会的事。荣格通过对人格突变的人进行观察后发现，这种强烈反差的出现，其根源在于均衡原则所发挥的影响。某一情节或者某一心理结构中所聚集的大量能量突然枯竭，转移到它对立面。基于此，能够客观印证过分片面发展的人格往往是不稳定的。

第七节 自性与自性化

均衡原则在心理结构中的具体体现则是自性原型。前面我们提到，自性作为最重要的原型之一，它的任务就是把人格的各种结构整合起来。

（一）自性

荣格将人格视作一个整体，人格的整体性是荣格心理学理论研究的重要核心。他认为：虽然人类社会已经经历了几千年的发展且人的精神或人格还有待于成熟和完善，但每个人从一开始人格便是一个统一的精神整体。这种基于整体的人格和基本心理组织结构实际上也是一种原型，荣格把这种原型叫做人的自性。自性对集体无意识来说也是一种核心的原型。

自性是一种统一、组织有序的基本原型，它把所有别的自我认同原型，以及这些自我认同的原型在意识和情结中的表达，都吸引进入它的周围，使它们形成一种和谐的关系。自性原型把每个的人格都统一了起来，给人格带来一种安全感和整体感。当个体感觉到他与他自身、和整个世界同样处在一种和谐的状态之中时，他的自性原型就会被有效地运用来行使自身的职能。反之，若个体觉得不舒适、不充实，或者内心产生了激烈冲突时，则表明个体自性的原型没有办法很好地开展工作。

（二）自性化

自性化是荣格分析心理学中的一个重要的术语，也是分析心理学的核心概念。自性化表达的是一个人追求自我完整的过程。一个人发展的终极目标是成为他自己，实现一个完整的、不可分割的、但又不同于他人的发展过程。安德鲁·塞缪斯在其《荣格心理分析评论词典》中比较了自性与自性化、有意识的自我与原型、意识与潜意识等概念的关系。塞缪斯在这本书中说道：自性化的过程是一种整合，是一种以自性为核心的人格形成过程。换言之，自性化过程使人能够认识到自己在哪些方面具有独特性，同时也能够认识到自己的普遍性。[1]

1921年，荣格出版了《心理类型》一书，其中首次讨论了自性化的定义和特征。自性化的基本特征包括：第一，自性过程的目的是实现人格的完善和发是；第二，自性化过程并是在孤立的状态下发生的，这个过程接受并包含了与集体无意识的关系；第三，某种程度上，自性化的过程中含有对社会规范的对抗，社会规范对自性化不具有绝对效力。[2]

荣格在不同场合描述了自性化现象。自性化与荣格的"曼荼罗"经历密切相关。荣格认为"曼荼罗"即是自性的体现也包含着自性化的发展进程。因此，在荣格的分析心理学中，自性化的过程就是个体的自我完成。自性化的英文是"individualization"，国内很多学者将其译为"个体化"或"独立化"。这种翻译与荣格的本意并不相符。因为，荣格认为自性化是不可分割的整合过程，自性化并不是使个体孤立于世界之外，而是将世界聚集在自己身上。因此，自性化的思想强调和突出某种个人独特性，而不是强调集体的视角和责任。然而，自性化也确实意味着更好、更全面地实现集体特征。用荣格自己的话来说，自性化的目标主要表现在两个方面：一是剥去自我人格面具的虚伪表象；另一个是消除原始意象的暗示性影响。

但是我们仍需注意到一点，从临床的角度来看，心理分析师无法创造自性化。分析师不能给患者创造自性化，也不能要求患者快速实现自性化。一个好的分析师只能创造一个促进实现自性的环境，耐心地与患者一起促进自性化过程的发生。在荣格的分析心理学理论中，自性被认为是一种起源于无意识、自发的过程。作为分析师，不能随意干涉（特别是不能用自己的意识随意干涉）自性化进程。但是，在整个心理分析过程中，分析师应该以开放的态度对待患者的潜意识表现，包括：认识和理解患者梦境和

---

1 Andrew Samuels. A Critical Dictionary of Jungian Analysis. London and New York Routledge, 1997: 76 –79.

2 荣格. 心理类型 [M]. 上海：上海三联书店，2009：114.

原型意象的象征意义，以及认识和理解或者所要面对的阴影，让患者与自己的阿尼玛和阿尼姆斯顺畅交流……这些都是与实现患者自性化过程密切相关的工作。这便是心理分析师的价值所在。

第三章

分析心理学与语言学

　　人类对于语言的研究已经有很长的历史了。但是，人类的语言对于人类自己却仍然是一个尚未解开的谜。语言像披上了一层虚幻、神妙的面纱，令人难以捉摸。多年以来，人们试图从传统的语义学、句法学、修辞学的角度对语言作过一些规定和阐述，但这显然是不足的。近几十年来，随着心理学、神经学的发展，国外对于语言学的研究已经进入一个新的阶段。因此，我们应该从一个较为开放的系统中，从言语主体心理活动的层次上，对语言现象进行一些探索。

第一节 语言的心理机制

（一）原始语言的回顾与语言的心理发生

迄今为止，我们所能考察到的古代语言，都是一些用符号、文字记录下来的语言，这些语言大约有六千多年历史了，但这还不是人类的最原始的语言。如果承认人类的语言和人类的文化差不多同步的话，那么语言的产生应该是几十万年以前的事了。人类最初的语言是什么样子的，实在已经无可考察了。但还是有人从一些原始部落中，揣测出原始语言的大体模式。十九世纪末的法国人类学家列维·布留尔曾在他的《原始思维》一书中，对这种语言模式作了细致的描述。在布留尔看来，原始语言是一种建立在原始人情绪体验和运动知觉之上的、一种直观的"集体表象"。这种语言永远是精确地按照事物和行动呈现在视觉和听觉里的那种形式来表现关于它们的观念的，它具有"绘声绘影"的倾向，竭力表现那些留在视觉记忆、听觉记忆、动觉记忆及一切情绪的和形象的记忆中的东西。[1]从表现形式来看，这是一种富于高度"实践性"与"情景性"的语言，是一种"发声喊叫"与"手势动作"的混合体。布留尔举例说，同一个关于"走"的词汇，在加纳的埃维人部落中就有二十二种不同的说法。

在文明社会的人看来，这不过是一种笨拙的、模声又拟形的"连喊带比划"，在这种语言中，词语抽象的普遍意义和它所指代的个体事物的具象性尚未完全剥离开来，还是一个"混沌的统一体"，布留尔称它为"声音图画"。原始语言的这些特征，也还可以从语言的个体发生过程中得到印证。虽然幼儿的语言发展过程完全不是原始语言产生的简单重复，但却是有许多相似之处的。幼儿的语言也总是与幼儿自己的感觉行为，以及与说话时的情境紧紧贴在一起的，并在很大程度上弥补声调、手势、姿态、表情以

---

1 列维·布留尔．原始思维 [M]．北京：商务印书馆，2011. 211.

语词的不足。瑞士心理学家让·皮亚杰就曾通过观察指出：幼儿所具有的是一种"比较属于个人的多和比较具有机动作用的符号系统"，一种与"游戏"和"模仿"贴在一起的语言。[1]苏联杰出的教育理论家苏霍姆林斯基也曾指出，"儿童是通过形象、色彩和声音进行思维的。"上述对于这些"准原始语言"的回顾，与我们要研究的语言的发生的心理机制有内在的联系。

黑格尔在其《美学》第三卷中谈到诗歌的语言时，曾经说：诗的用语产生于一个民族的早期，当时的语言还没有形成，正是要通过诗才能获得真正的发展。[2]从这句话看来，似乎不是语言创造了诗，而是语言成了诗的产物。细审之，便不难发现，黑格尔是把原始的诗放在原始人的"心理意象"的平面上加以考察的。在他看来，最初的诗就是一种"具象性"与"普遍性"未曾分裂的"原始统一体"，原始语言就是在这个原始统一体中生成的。这种"原始统一体"其实也就是布留尔讲的那种以"声音图画"为表现形式的"混沌的统一体"。这样看来，原始人类那里，"诗"与"语言"曾经是二位一体的。类似的话，卢梭也曾说过："原始人的语言不像人们通常所想的是几何学家的语言，而是诗人的语言，"最初的语言是充满热情的歌唱的语言"。[3]

遗憾的是，原始人类的这种"连喊带比划""摹声又拟形"的语言模式，常常受到一些权威语言学家的批评，被看作是一些"非言语的""动物状态"的东西而草草放过。其实，从马克思主义的观点看来，人的心理本来就是从动物心理演化来的，人大概永远也不会完全摆脱自己的动物属性。这些所谓的"动物状态"的非言语现象，与常规的言语现象之间并没有一道截然断开的墙。这里，我们对于那些原始的、蒙昧时期的语言的回顾，当然不是要人们再回到那种半聋哑人的状态中去，我们只是想借此弄清楚，语言究竟是如何在一个人的心理中发生的。事实上，原始语言现象中被布留尔称作"声音图画"的那种"混沌的统一体"，也就是现代语言的"原始细胞"，它有可能作为一种"原子"，帮助我们揭开语言在个体心理发生

1　让·皮亚杰．儿童的心理发展 [M]．济南：山东教育出版社，1982:114-115.

2　黑格尔．《美学》[M]．北京：商务印书馆，1981：53.

3　布达哥夫．语言学概论 [M]．香港：时代出版社，1956：1

中的奥秘。原始语言中的那些"手势动作""形象画面""声音叫喊"等表征，在后世文学家的创造性言语活动中是依然存在着的，不过已经内化了。关于这一点，是可以从许多文学家的创作实践中得到充分证实的。

先说"手势动作"。原始语言中占有很大比重的手势动作，是基于原始语言的"共同实践性"特征。对于后世的文明人来说，它表现为人们在进行言语活动时的一种内心动觉，不仅是手部动作，也可以是面部的、四肢的、躯体的、内心的等方面的动觉。对于语言活动来说，这种由内模仿而激起的内心动觉总是异常活跃的。从心理发生来看，这种"手势语言"实质上是一种浸透了言语活动主体对于某种语境的真切的体验的语言。

再说"形象画面"。原始语言中图画表征，是基于原始语言的"共情境性"之上的。从心理发生来看，语言的这种"共情境性"，主要是建立在言语活动主体的情绪记忆和形象记忆基础之上的。至于"发声喊叫"这种原始语言的显著标志，在后世语言发展过程中已经退化得很不明显了。

综上所述，人类的语言是人类在最初的实践活动中渐渐发生的；最初的语言是一种原始状态，即一种对于荣格所说的"原始意象"的直观的表现形式。

（二）言语活动的深层心理结构

人类最初的创作活动与人类最初的言语活动之间是没有什么严格界限的，那时候的创作似乎就是"脱口而出"，像鸟儿发出鸣叫一样自由而自然。在语言不甚发达、科学还未发展的情况下，世界上的各个民族却都流传下了自己优美生动的史诗和神话。然而到了后来，情况就出现了异常的变化：语言越来越发展，出现一种"科学的语言"，人类的言语行为遇到了越多的困难。原因不仅仅是人类运用语言能力的问题，还应从心理的发生机制来看。

在原始时代，当时人们的社会生活与内心世界相应说来是比较简单的：一方面由于当时人们的语言还是直接地和人们的社会实践及人们之间的物质交往紧贴在一起的，那时的语言尚带有浓厚的具象性，言语活动中包含着大量生动、形象的因素，如手势、动作、表情、姿态、声调、眼神等。因此，原始人用这种言语方式表达自己的内心世界，并不感到太困难。到了后来，这种原始状态在最低阶段上的统一便被打破了。前苏联著名神经心理学家鲁利亚曾经指出：语言以后的发展历史是言语与实践活动、感性活动相脱离的历史。随着劳动的分工、人的智力的不断发展，人类的语言渐渐地被抽象化、概念化、规范化、客体化了，终于形成一整套符号和代码。人脑的第二信号系统开始了自己卓有成效的工作。[1] 语言的这种发展，对于人类思维活动的发展是功德无量的，但是，我们却不能不看到，语言的这一进化是以牺牲掉语言的"共实践性"为代价的。按照鲁利亚的说法，语言脱离其实践语境变成一种共同的语义体系的过程便不可避免地造成了语言和人的感性活动、和人的情绪生活在某种程度上的分隔。而传统的语言学家们又往往只注意了对于语义和语法规则的研究，忽略了对于语境的研究、忽略了对于言语活动主体的研究、忽略了对于语言实际运用的研究。严格说来，那种抽象化了的、概念化了的、规则化了的、共义化了的语言只是一种"科学的语言"。而这些属于个体在特定情景中内心体验的东西，一旦被加工处理为规范化、共义化的语言后，便失去了其固有的生动、丰富、具体、鲜活的魅力。

其次，科学语言的形成与文明社会中人的言语活动的心理操作程序有关。语言学上传统的"维茨堡学派"认为，言语在个体心理活动中的形成过程，不过是通过联想的方式把思想用约定俗成的语词符号标示出来罢了。在他们看来，人的精神活动、心理活动总是与语词相对应的，世界上并不存在什么"不可言传"的东西。20世纪五十年代末，美国语言学家乔姆斯基提出了人的精神活动与人的言语活动并非相对应的观点。他认为把内心精神活动变为言语的过程不是一个简单的"联想"过程，而是一个极其复杂的心理操作过程。他主张把人的言语活动划分为"内部平面"和"表达平面"两个部分，提出要从心理活动的深层结构上研究言语的生成和运用。乔姆斯基的学说带有很大的虚拟性，但他还是为现代语言学开辟了一块新的天地。前苏联的一些神经心理学家和心理语言学家通过大量临床测试，曾把表述性言语的生成过程大体上概括为这样三个阶段：（1）先是有一种表达或者交流的动机、欲望、意向；（2）出现一种词汇贫乏、语法结构残缺，但却

---

1 王钢．鲁利亚遗著：《语言与意识》[J]．当代语言学，1983：41.

黏附有丰富的心理表象的内部言语；（3）在深层句法结构的基础上，扩展为一种以表层句法结构为基础的外部语言。新的语言学的理论给予我们的启示是：语言的优劣高下，一方面取决于主体深层心理结构的丰富充实与否；另一方面取决于主体把这种深层结构转换成言语表层结构的能力如何。

当前控制论对于数理逻辑、数理语言方面的研究已经取得了很可观的成果。在标准语义的图形识别方面也已经取得了某些进展。而人脑是如何在形象、情绪方面进行有效的信息编码、反馈、调节的，依然是难以窥测的。鲁利亚试图用神经心理学的杠杆撬开这只"黑箱子"，他认为要弄清深层心理结构中的某些心理现象，如"梦""情绪生活"等，就必须加强对大脑深部结构，如丘脑、下丘脑、边缘系统以及大脑的非优势半球活动机制的研究。不幸的是，这位杰出的神经心理学家说过这话两年之后就与世长辞了，后继者恐怕还要进行一段为期漫长的跋涉。[1]

（三）言语活动和形象思维

首先，从心理学研究的课题来看，言语与意识活动有密切的联系。当代心理学家都非常重视言语活动的研究。前苏联心理学家列昂节夫认为，在研究人的意识产生与语词概念的形成时，把一个词的"意义"与"涵义"区别开来是十分重要的。在他看来，"意义"是人们对于现实的一种抽象的反映，集中体现了人们对于现实的认识和理解，它以"概念"的方式在语词中结晶固定下来，属于客观的、历史的观念现象世界；"涵义"则是个体的人对于客观存在的一种心理反映，它既可能包含有对事物固有特性的认识和理解，还包含着个体与对象的需求关系，包含着这个人关于该对象所经验过的一切，包含着某些情绪的、形象的东西，常常以类乎"意象"的方式贮存在个体的心灵中。[2]从语言学的角度看，所谓"意义"，即一个语词所包含的"语义"；所谓"涵义"，即言语主体对于这一语词的"语感"。一个词的语义，是可以被统一地归纳到各种各类的字典、辞书之中的；而对于一个词的"语感"，则和单个人的经验、感受、气质、个性融和在一起，恐怕永远也无法编纂到任何一部统一的词典之中。这里我们所说的"涵义"或"语感"，

1　鲁利亚．神经心理学原理 [M]．北京：科学出版社,1983:77.

2　列昂捷夫．活动意识个性 [M]．上海：上海译文出版社,1980：84.

其实就是活动主体的一种"言语知觉"。同一个词汇，在不同人的言语知觉中，会表现出共同的或大致相同的性质和意义；但同时又会在情调、色彩、声响、韵味、意趣、心境等方面显示出很大的差异来。对于一些生活经验丰富而又富于艺术敏感的人来说，哪怕是一些相当抽象的词语，也会产生出生动、丰富而又各相迥异的言语知觉。主体的言语知觉较之单纯的、普遍的语义，具有复杂而显著的个体差异性，其中包括着顽强的表象再现性、自然的情绪体验性、隐含的内驱意动性。

言语活动不仅是对语词固有意义的理解确认，同时还包含有主体对于语词符号信息的反馈，即主体心理因素的外射。因此，形象思维中的言语活动就必然要更多地受到主体固有心理定势的指向、控制和调节。零散的言语知觉表象在某个创作者特有的心理定势的导引下，通过某种方式构筑起来的"磁力场"，这样便达到了感性理性统一、主观客观相统一的境界。

以上从语言的心理发生，言语活动的深层心理结构，语言在形象思维中的性质和作用的分析探讨了心理学和语言学的联结。从荣格学派分析心理学的角度来看，语言和心理密切关联。荣格派学者诺伊曼在其著作《大母神》中，对于原型以及其原型意象，有着出色的阐释与解析。在诺伊曼看来，源于无意识的象征性意象，是社会时代精神的全部体现和创造力之源。不但意识及其对这个世界的哲学认知和理解的概念是起源于象征，包括仪式、礼貌、艺术和风俗习惯等等也是起源于这个象征。[1] 由于无意识的象征性形成的过程本身就是构建人类精神的动力源泉，因此语言，其发展的历史几乎跟随着人类意识的形成和发展时间同步，也开始于一定的象征。从荣格分析心理学这一观点上我们来看，一种原型的内容，首先和最重要的就是它在意象中体现其本质。因此，我们不难发现荣格学派的心理分析和语言学之间的紧密联系。

1　诺伊曼．大母神 [M]．上海：东方出版社，1998：221．

第二节 词语联想测验

　　荣格最早发现语言与心理的直接联系是从著名的词语联想实验开始的。联想主义最初的理论基础是苏联生理学家巴甫洛夫的条件反射思想，即通过一个刺激与另一个刺激之间的联系来设计实验。从事这方面研究的人很希望能够用联想来解释人类的精神活动，即以此来找到由相似律、对比律、时空接近律而联接起来的意识内容。而联想试验的帷幕是德国心理学家冯特拉开的。在他的研究中，联想测验只是一种心理测验方法，而且只适用于意识研究。荣格在此基础上进行了语词联想的实验。实验中，他使用电流计来测量人的皮肤对情结的反应，并通过被试的呼吸深度、皮肤电阻抗和脉搏次数的记录来研究情结被触动时所引起的情绪不安。他发现，这些生理指数是随着情绪的变化而改变的。因此，荣格被认为是最早证实遗忘、压抑等精神内容的动力效应实验者之一。

　　词语的联想测验也是荣格早期研究中最有代表性、最具意义的一项研究成果。在荣格来到布勒霍尔兹利精神病院的时候，院长布洛伊勒教授发展了一种今天称之为"有机－动力"说的理论，并将之应用于精神分裂症的治疗之中。在他的学说中，精神分裂症是由一种尚未明确的原因引起的，遗传是其决定性因素。在精神分裂症所表现出的多种紊乱症状中，他把它们分为基本的和生理基因两种症状。他认为，前者直接由尚未发现的有机过程引起，后者则由基本症状引起。布洛伊勒相信精神分裂症的根本症状是基于"心理引力联系的松弛"，但他又认为这句话可以有多种理解，其中之一是指文化变异。布洛伊勒要荣格使用词语联想法来进行这项实验。由此，荣格开始了词语的联想测验研究，也开始了他最初的心理学实验研究。

　　看起来词语联想是十分简单的方法，几乎不包含任何深奥理论和神秘色彩。语词联想的过程是把一个词汇表上的每一个单词一次一个准确地读给患者听，并且要求受试者对其中打动他的那些单词做出感知和反应。如果患者犹豫不决，花了过多的时间（以秒为单位）才对那个单词做出反应，抑或他在对这个单词做出正确反应的过程中流露出某种心理情绪，这就说明那个单词已经触及到荣格所说的心理情结。语词联想的手段，可以用来检查和评价情绪的各种特征。

直到今天，世界各地的许多精神病院仍在使用这种方法。荣格和他的研究伙伴们曾用词语联想法，对医院里一个住院时间长达25年的病人进行过一次治疗。这个病人是个女裁缝，在她的精神世界里强烈地存在着这样的幻觉：每到晚上，她便会感到自己脊髓破裂、粉碎，同时她的床上布满了铁针。实验时病人回答如下表所示

刺激词	反应词	反应时间（秒）
学生	苏格拉底	12.4
文章	是的，母亲	7.6
桌子	沙发	3.8
头	是的，无法替代	14.8
墨水	粟子、黑水	9.0
针	线	11.4
面包	黄油	3.4
灯	电、煤油	6.4
树	水果	6.0
山	河谷	9.4
头发	帽子	6.2

这里，病人的许多回答是可以理解的，但也有一些回答虽然不符合正常的逻辑，却具有它们自身的逻辑性。例如第一个反应词"学生—苏格拉底"，对于一个女裁缝来说，这样的联想不仅不合情理，而且令人非常吃惊。还有"墨水—粟子、黑水"，病人怎么会把深褐色的粟子与墨水联系起来呢？在荣格看来，这些表面混乱又不着边际的联想恰恰暗示出一种复杂的联系，而许多个复杂联系便形成了情结。

在对单个词语进行联想测验时荣格认为，当刺激性的词与患者心目中某些不幸的事件有了联系后，回答相关问题的时间也就会随之增加。这时，如果将患者延迟作出反应的几个单词进行分析，就可能会明显地找到它们

所潜藏在表面下的深层意思；换言之，我们就会找到一种情结。此外他还发现，刺激词在情感色彩上若是中性的，被试就会迅速回答出一个反应词；若刺激词带有某种情感色彩，被试就会迟疑、口讷、出错、结巴、下意识地回避，或者表现出其他形式的慌乱，而被试者自己对这种时间延迟的情况并不知觉。

词语联想力测验中受试者都是有自己情感的，只是他们对此并不知情；换句话说，那种使情绪发生紊乱的内容被排除在了意识之外。荣格进一步进行研究时发现，与它们所产生的延迟反应相关的某个单词也可能会直接导致对该词的延迟反应。于是荣格认为，人类在无意识的情境中，一定具备了某种能力将情感、思维和记忆等联接起来，而任何人在接触并理解到这一情结时，都会对其产生一种延迟的反应。

对这些心理情结进一步调查研究发现：情结类似一个完整的人格中那些彼此隔绝、相互独立的一个个小型人格，他们不但是自主的，具有自身内驱能力，而且又强有力地牵引着我们的意识和行动。对此，荣格引用了这样一个例证：一个男人在对"匕首""双刃刀""打架""尖角的""瓶子"这5个词的回答中表现出慌乱。荣格推测：他曾有过酒后斗殴的经历。最终调查证实发现他确实曾因在争吵中用刀伤人而蹲过一年监狱。词语的联想测验后来不仅被医学界采用，还被法学界用来审问罪犯。

在荣格进行这项实验的时候，有一天，一个病人告诉荣格他的钱包丢了，他怀疑是一个18岁的看护偷走了。荣格用词语联想法对两名有嫌疑的看护分别做了测试。根据他的情结理论，他直截了当地用"是你偷了钱包"开始实验。结果不出所料，真正的偷钱包者供认不讳，荣格为被诬告者洗刷了清白。这之后，荣格本人常被法院叫去帮忙。他曾对伦敦的听众说："在苏黎世时，每当有棘手的案犯，法院就把我找去，我是他们求助的最后一根稻草。"

一段时期内，词语联想测验的成果令荣格相当兴奋。但这种方法很快就暴露出它最大的缺陷：犯罪意识是受许多个人经历制约的，它同法律所要求的那种客观意义上的真正犯罪有时并不一致；也就是说，同犯罪毫不相干的负罪感，会使一个本来清白无辜的人在实验中显示出某种犯罪行为。

虽然，直至今天，用词语联想测验法来审问罪犯仍存有争议，但荣格在他最初所处理的病例中，却用此法戏剧性地发现了与犯罪行为有关的精神疾病。

在布勒霍尔兹利精神病院，曾有一个女患者被诊断为精神分裂症，而荣格却不这样认为。他认为这个患者患的是一种很严重的精神沮丧，甚至可以说是精神崩溃。他通过词语联想法并辅以一些新的方法重新对患者进行了诊断。随后，他便从患者无意识中发现了一些实质性的东西：女患者在年轻时美丽动人，她爱上了一个富有的商人的儿子。但是对商人儿子献殷勤的姑娘很多，她不确定自己能够博得商人儿子的爱心。一个偶然的机会，她听别人说商人儿子根本不在意她。伤心过后，她与一个自己并不怎么喜欢的男人结了婚。几年之后，她成了两个孩子的母亲。后来，一个老朋友来访，她们谈起了过往的生活。老朋友告诉她："你结婚的消息对他（指商人的儿子）是个晴天霹雳"。她受到很大震动，后悔不该匆忙结婚。

从病人那里找到如此重大的细节令荣格对词语联想法充满了信心。当他继续使用这一方法来治疗病人时，一些更深层的悲哀和不幸慢慢地被揭示出来。病人在得知自己不幸的爱情真相后做出了很多常人难以理解的事情。该病人当时生活的地区并没有洁净的供水，她在给女儿洗澡时，看着女儿吮吸洗澡用的海绵却没有阻止。就当时的情况而言，孩子这样的行为是相当危险的。后来，她目睹儿子喝下了一杯污水而没有制止。荣格判断，这种情况的发生说明她或是神志不清或是在一种无意识支配下有意犯罪。不久，女病人的女儿死了，她的举止行为也变得更加紊乱，以至于不得不被送到精神病院。

这些事实，女患者的家属并不知道，她自己也从不提起。这些记忆沉积在患者心灵深处的角落里，躲在意识背后，却在无意识中纠缠着患者的良心，使之饱受一种说不出来的折磨。有一段时间，她甚至企图自杀，当时并没人知道潜藏在这种人格分裂后的真正动机。荣格用词语联想法不仅为女患者找出了病因，而且最后治好了她，使她远离了精神疾病。治疗中荣格还发现，许多情况下，精神病人来诊治时都有一个没有说出来的故事。它是病人心中的秘密，也是治疗的关键。作为一名精神病医生，只有对这一完全个人的故事进行调查后，才算开始真正的治疗。治疗时，医生要从病人的整体而不仅仅是从症状入手，找到深刻触及病人人格的种种问题，而联想测验恰恰能解决这些问题。

荣格在布勒霍尔兹利精神病院期间所进行的词语联想研究对一生来讲意义重大。在此期间，根据这一研究成果他写出了多篇论文，发表在瑞士、美国及欧洲其他国家的许多心理学、医学刊物上。这使他赢得了巨大的声誉，甚至后来的美国之行，都与这一时期的成功紧密相关。除此之外，他还将这一时期的部分研究成果，即《心理联想的诊断研究》寄给了弗洛伊德，由此拉开了两人友谊的帷幕。

荣格的词语联想测验的成就不只在于发现了今天人尽皆知的情结，还在于它同时也深化了许多重要的心理学概念，例如"心态"、"统觉"等。"心态"一词最初由德国心理学家缪勒和舒曼在1889年提出，具体指一种心理取向或心理定势。荣格在他的词语联想等实验研究的基础上，对此作了进一步阐述，他认为：心态是对某种行为或某种反应的一种预先的心理准备。这一概念对于研究复杂的心理过程十分重要，因为它触及到这样一个重要而奇怪的事实，即某种刺激在某些人身上会产生强烈的影响，而在另一些人身上却只能发挥微乎其微的作用，甚至不起作用。所以在荣格看来，具有一种"心态"便意味着对某一特定的事物有一种预先的心理取向，这种情况下，无论这个事物是否在表象的意识之中都不重要。而"心态"正是这样一种准备状态，这种准备状态体现为一种特定的主观取向，即体现为一种心理要素和心理内容的特定组合。这种组合将人的行动纳入到一定的方向上，促使个体通过这种方式对外界的各种刺激采取具有特殊性的方法。若是没有心态的存在，主动的统觉就不可能存。

第三节 语言符号及象征

索绪尔开创了现代语言学，他第一次明确地提出了现代语言学的要求，即语言学应该以具有精神心理学属性和社会学属性的现代语言作为其研究对象。他为后人留下了一种诸如"历史—共时""语言—言语""组合—

聚合""能指—所指"等经典的二元对立研究范式。索绪尔在深入地研究后发现，我们应该把语言视作一个符号体系或者是整体的关系体系来对待，也因此索绪尔提出了其语言研究的系统观，此类符号系统的结构主义思想也一直是后世研究的热点。

（一）语言符号理论

在索绪尔的观念中，语言是一个自给自足的系统，是由符号所组成的，只有在语言内部才能产生语言的意义，同时在整个系统中符号间的相互关系对于系统起到了决定性作用，也就是常说的差异性。这种语言观不仅影响了当时的语言学理论研究，也影响了后世的各种语言学派发展。此类符号系统的结构主义思想也一直是后世研究的热点。索绪尔语言观对韩礼德的影响表现在理论框架，以及功能主义语言学概念区分方面，韩礼德对其进行了系统学习。

为了进一步确定语言学的符号学地位，索绪尔提出：在语言学研究中，应该将语言视作一个符号的集合，也就是符号系统，并认为符号学和语言学存在着单向规律互通。他认为，这门科学将带领我们清晰了解符号存在的规律。索绪尔甚至提出了语言学不过也是符号学科学的一部分，符号科学里所发现的规律同样也能够适用语言学，甚至运用于全部人文科学。索绪尔语言符号理论有三个重要特征，即符号的任意性、相关性和区别性、线性特征。

（1）符号的任意性

索绪尔认为语言作为一种符号系统，它并不是我们大千世界中的各类事务与其名称的简单对应，而是概念和音响形象。并认为在概念和音响之间有一种叫心理智慧的东西将二者紧密联系，而倘若未能形成心智，那么这种联系是无法建立起来的。因而这种联系具有一定的心理特征。同时，索绪尔提出语言不可脱离语言事实而独立存在。语言和社会紧密相连。我们创造的语言源于社会，发展于社会的同时也服务于社会。我们的语言是在通过社会成员的共同生活中达成的某种社会共识而存在的一种符号系统。因为社会性不会轻易发生改变，故而语言也具备了不可变性。

（2）符号的线性特征

索绪尔很早就认为能指具备听觉性质，而时间是能指的出场顺序轴，类似于一条时间轴，所以它是一条线。时间成了听觉符号出现的唯一线性标准。依据这一性质，索绪尔区分了联想和连锁的关系。联想关系是指我们由一个客观的语言符号想起与之相关的其他事物。而连锁关系指的则是在符号这个系统中，任意一个符号与之前后的符号都有不同属性，但是却又有着紧密联系。生活中我们常见，无论是书面用语中还是口头用语中，语言符号的线性特征都表现得极为明显。

（3）符号的相关性和区别性

我们将语言视为一个系统，而这个系统中的不同要素之间的关系是相互依存也相互对立，我们将这种关系成为相关性。同一个系统中的不同要素，都需要区别于其他要素，这样的关系我们称为区别性。索绪尔曾经指出，语言的构成要素是相互紧密关联的，相互依存，但与此同时，两者之间又有着本质不同。例如"梨花"，当我们将这个语言符号区分离成"梨"和"花"的时候，单纯的一个"梨"或者"花"都无法帮助我们准确得出"梨花"的概念意义，单纯的一个"梨"我们会想到水果，而单纯一个"花"，我们只会想到花这一类植物的统称。

（二）荣格的象征理论

荣格对象征的研究大量散落到他的书籍中，他的主要研究重点是在一种精神分析的情景下对象征进行了讨论。但目前学术界对荣格理论的重视主要来自心理学、人类学、文学艺术等方面的原型批评。事实上，荣格对符号的象征性论述蕴含着丰富的理论信息，可以为语言学的研究和应用提供理论基础。在分析心理学的背景下，荣格将象征主义与人们的无意识活动紧密联系在一起。无意识总是在寻找各种机会来表达自己，而无意识表达自己的过程恰恰与符号的形成过程相吻合。换句话说，符号本身是一种无意识的表达方式，所以符号本身是一种无意识的投射。这些投射都来自无意识，尤其是集体无意识。通过研究荣格的符号理论，我们可以深入把握荣格的无意识表现问题，进而更透彻理解荣格心理分析的语言和行为操作模式以及在此思想指导下的许多领域，如心理学、人类学、文学批评等。

（1）象征的内涵

荣格在他的著作中曾经用一种简单的方法来定义一些象征。他认为当一个词语或者图像远远地超出一般的概念和它想要直接表达的含义时，这个词语或图像便具有了某种的象征性。事实上，不只是一个文字或一个图像，每一类事物都可能具有象征性，都可能呈现出具有象征性的含义。因此我们需要从正在面对的事或发生的情况中去感受与领悟词语和图像的象征意义和价值。这是对从事荣格派心理分析工作者的最基本要求。例如，当我们看到一个车轮时，它所具有的象征意义远远地超越了普通人的意识与理性的范畴。这种象征意义已经深入到了集体无意识的层次。因此，在进行心理学分析研究工作时，理解事物或事件的这种象征意义，感受和体验它所代表的内容是非常重要的。

医学心理学家开始对象征问题进行研究时，他首先要考虑到的就是自然象征和文化象征的区别。自然象征来源于心灵中的一种潜意识形式和内容，因而代表各种基本原型和意象的变体。在许多情况下，它们可以追溯到原始社会中所见到的各种观念和意象。另一方面，文化的象征则更多的是作为一种可以用来代替永恒真理的事物。它们都是经历了无数次的转化，以及长期的意识发展过程，因此，它们已经成了集体的意象，并被全世界文明社会所广泛接受。然而，文化象征仍保留着许多原始的神秘或符号特征。因此，象征是心理学家必须要思考一个重要影响因素。因为以理性的观点来看，人们认为象征是互不相干的，从而就忽视了这些象征。事实上，象征是我们精神构成的重要部分，是建立人类社会至关重要的力量；人类试图根除象征的行为会让整个社会蒙受巨大的损失。当象征被压抑或被忽视时，它们的强大力量会消失到潜意识中去了。事实上，忽视象征的方式会让人类失去能动的能力，使潜意识中重要的东西没有机会表现自己，或者失去在意识中存在的意向。这种意向形成了对我们意识心灵的破坏性。

（2）象征的方向

在荣格看来，象征具有两个方向：受本能推动而追溯过去的方面和展望未来的方面。这两个方面是同一枚硬币的两面。对一个象征可以从任何一面来分析。回溯性分析揭示的是某一象征的本能基础；展望性分析揭示的是人对于完美、再生、和谐、净化等目标的渴望。前一种分析方法是还原论的方法；后一种分析方法则是目的论的方法。要对某一象征作出完整的全面的阐释，就必须同时使用两种方法。荣格认为：象征的展望性质被人们忽视了，而那种把象征看作是单纯的本能冲动和愿望满足的观点正在流行。一种象征的心理强度往往大于产生这一象征的原因的心理值。这意味着在某一象征的背后，既有一种作为原因的推动力，也有一种作为目标的吸引力。推动力是由本能提供的，吸引力则是由超越的目标提供的。单纯依靠任何一种力量都不足以创造出一种象征。可见，某种象征的心理强度，是原因和目的因素的总和，因而总是大于单纯的原因因素。

（3）象征的表现

象征有两种具体的表现。首先，象征是原型的一种表现。人类的历史就是不断地寻找更好的象征，即能够充分地在意识中实现其原型的象征。在某些历史时期，例如在文艺复兴时期，曾经产生过许多优秀的象征。说这些象征很好，是说它们同时在许多方面满足和实现了人的天性。而在另一些历史阶段，特别是本世纪，人类对于象征这一概念的认识则显得非常贫乏和片面。现代的象征主要有很多种类，包括各种机械、武器、科学技术、跨国企业和政治制度等构成，实际上这些都是阴影原型化和人格面具的表现，它完全忽略了人类精神的其他几个方面。因此，荣格急切地期待着人类可以及时地去创造更优秀的象征。第二，象征也可以说是对人的思想和精神形态的一种表现；它是人的天性的各个不同侧面的投影。这些投影不仅力图表现集体贮藏的和个体获得的人类智慧，而且还能够表现个人未来要达到的发展水平。人的命运、人的精神在未来的进化和发展，都能通过象征表现出来。但是，需要注意的是，某种象征中包含的意义却往往不能直接被人类认识，我们必须通过放大的方法来解释这一象征，以期发现和揭示其中的重要信息。

（4）原型与象征

原型的本质并非孤立存在，而是集体无意识的产物。它取决于各个民族不同历史时期的现实情况，也取决于当前可以产生这类现象的个人状况。

原型发挥其作用是自发的且不需要依赖于意识的，它就是意识的核心，虽然它并不主动而有意地参与进入到象征或其他原型在意识上的发展和表达中。换言之，意识既不能够被创造也不可以自发选择某种原型的经验。这里，我们并不否认原型或象征与其人格和意识整体之间存在着密切关系，因为对无意识的表达即是对无意识过程的一种自发表达，也是个人意识状况的反应。这种个人的反应常出现在梦中，是一种补偿性的反应。这意味着原型意象和象征的表现部分地决定于个人的特殊境遇，决定于个人的状况，如意识态度、他的年龄等。

前面提到原型是荣格分析心理学的核心概念，原型和象征有区别也有联系。首先，象征和原型有不可割裂的联系。象征与其原型一样，具有运动性和物质性。象征掌握着人的整体人格，有时唤醒人格，有时诱导人格，它吸引着那些试图去理解它们意识。象征性的其他物质组成结构使得人们的各种意识能量保持在不断运动的稳定状态。象征除了作为一种流体能量的运动转换和流体动力学的基本功能之外，也是一种意识的具体塑造者。其次，象征和原型有极大的差别。个别的原型结构难以被准确地描述，部分原因可能是由于其原型常常同时存在于许多层次上。原型的功能涵盖了人类社会最初的原驱动力到现代人的各类哲学理论概念及其体系。换句话说，人类自己所能接触到的无数种形式、象征、意象、观点、和概念，无论是彼此之间相互排斥、彼此重叠、彼此补充或者是彼此独立，这一切都与某些原型类型的概念联系在一起。人类试图对这一原型进行描述，想要理解什么是原型。虽然无数的原型显现都遵循一个基本主题，但它们的差异非常大，多元的对立因素使它们结合在一起，因此我们说原型有永恒性，但其象征则具有多元性。原型的表现主要是对于无意识的象征性的表达，它与象征的联系是表面相反、实则互补。原型既可能是自发地显现出来的，又可能是与那些已经出现了的此类原型的个体意识之间处于某种补偿的关系。所以当原型作为一种无意识的自发性表现而在社会上出现时，它本身就是一种直接决定个人和群体状态的自主能动性力量，不取决于个体和社会的心理状态而自发地起到影响。

（5）荣格象征理论的超越性

　　荣格的象征理论是在弗洛伊德研究基础上提出的，二者密切相关；同时，荣格对弗洛伊德的关于象征的研究有很大超越。以下三点概括了二者共同的方面。首先，荣格和弗洛伊德都认为梦是最主要的象征体现形式。弗洛伊德认为梦的意象就是象征，因此，梦的运作也就是象征的运作。其次，二者均认为：虽然梦是表现象征的最重要的方式，但象征还有很多的体现方式。比如：幻想活动，自由联想等。荣格曾表示：象征有时候会在幻想中表现自己。可见，荣格认同幻想在象征体现中的作用。而弗洛伊德则认为：象征法是联想法的补充。这里，弗洛伊德肯定了自由联想和象征之间的联系。再次，就象征的性质来说，二者都认同象征的非理性。因为无意识是非理性的，而象征是无意识心灵的一种自由表达方式，因此，他们都同意象征属于非理性的领域。[1]

　　荣格对弗洛伊德关于象征理论的超越主要体现在以下三个方面。首先，荣格反对弗洛伊德关于象征主要来源的观点。弗洛伊德将梦象征的特征描述为"童年被遗忘的经历的回忆"，他认为梦的象征主要是来自个体经验层面。荣格的理论则认为，象征是集体无意识的表现，是集体无意识的具体化，而不是对隐藏和压抑经历的回忆。象征使用特定的类比来揭示或解释无意识领域中完全未知的内容和符号。根据荣格的理论解释，象征主义有更深厚的土壤，是无意识思维的深化。其次，从力比多能量遵循的原则来看，也体现了荣格的超越性。弗洛伊德认为，当个人的欲望受到抑制时，个体就不得不表达自己，成为一种象征。荣格不仅相信力比多是一种普遍的生命能量，而且他认为力比多这种精神能量就像物理能量一样，也可以被看作是包含许多不同表现形式的动力学统一体。因此，他引入了上一章提到的等值原理来表达相关精神能量的各种表现形式之间的关系。荣格表示：在某个力比多能量消失之后，另一种等值形式的精神能量会立即出现。也就是说，精神能量会在位置或形式上发生变化。一定数量的某种精神能量被消耗掉后，同样数量的精神能量会以另一种形式出现在其他地方。同理，当一种心理元素所固有的精神能量减少或消失时，同样数量的精神能

　　1　贾澎. 荣格象征理论的语言学诠释 [J]. 西北师大学报（社会科学版），2010：

量会出现在另一种心理元素中。然而，能量在传递过程中并没有损失，只是重新分配一次而已。荣格还曾表示：在精神能量转移过程中，第一种心理因素的部分特征也转移到第二种心理因素中来。如此一来，前后两种心理元素虽然有相似之处，但本质上并不相同，当一种心理元素不能完全吸收另一种心理元素时，多余的能量也会流向无意识。荣格认为，我们可以在心理治疗中找到一些心理能量对等的事物。在移情现象中会出现的梦境、幻想等特殊象征，可以代替等价的意识态度。同时，荣格独创性地提出：等值原则适用于无意识成为象征的状态。他说："从象征意义的观点看，意象转化或翻译成象征的过程涉及到一个精神类似物的无意识创造，而这种类似物具有比原有意象更大的吸引力。这种意象通过将能量从本能向精神水平上升而产生的曲线来显示它们的力量。"[1]这种象征的转化包含着从较低价值向较高价值转换的含义。而无意识的象征转换之所以能发生，正是因为精神具有制造类似物的倾向。再次，除了力比多的转换遵循等值原则可以体现无意识转化为象征以外，精神能量疏导原则也同样体现了象征。荣格认为象征是一种重要的能量疏导通道。象征是在无意识中经过长时间的孕育而产生的，它可以吸引力比多并提供力比多的疏导渠道。在荣格看来，象征来自无意识，更重要的是它是集体无意识的投射。象征的创造过程与无意识被表达的过程相一致。事实上，荣格曾用"符号"的概念来表示象征的内涵。在荣格看来，符号与象征密切相关。这样，我们就可以将语言学符号理论引入荣格的象征研究中来，以探索荣格基于语言学的符号的象征性。

（6）象征的意义

象征对分析心理学的研究有重要意义。首先，象征具有深刻的无意识的特点。或者说，象征恰恰就是一种无意识语言的表达形态。于是，在无意识的水平上进行心理学分析，在很大程度上也就是在分析一个象征所包含的意思，即一个象征所包含的一些无意识消息。其次，许多关于精神和心理学的疾病本身就具有一个象征意义。就像患者在面临一个不堪忍受的日常生活和困境时，可能会突然出现吞吐功能障碍的症状，食物和饭菜的

---

1 罗恩. 从弗洛伊德到荣格 [M]. 北京：中国国际广播出版社，1989：164.

吞咽都变得十分困难。其实，这些症状本身就是在使用一种象征化的语言去表达自己，表达病人已经不能再接受或者去承担任何负担。同样，当患者面对重大的情绪和心理压力时，也极有可能会出现严重气喘的疾病。而这个病症中所要表达的恰恰就是他不再能够正常地喘气。患者的疾病特点，正是通过运用象征化的语言来陈述它背后原因。第三，一种象征同时具有双重重要意义。一方面，象征性的伪装是一种具有隐蔽性的主体伪装，它所表达不仅是再现一种主体在遭遇到重大挫折时的本能性冲动，而且是一种渴望借此获得自我满足的一种心理和愿望。在伪装象征的这一方面，荣格与弗洛伊德的解释基本吻合。在弗洛伊德看来，攻击欲是由于在日常生活中处处受到禁止和压抑而形成的，这种压抑就构成并转变为梦中的各种象征。另一方面，象征性同时也代表着对原始本能的驱动性转化。某些符号事实上都在尝试着将人类的本性能量带入到其文化和精神的价值中。

荣格曾明确指出：一种象征性或者具有象征性的替换活动不只是将自己的某种本能或者能量由其自身移植到某种替换物品或对象中。荣格在自己所讲的一段话中也十分清晰地表达出了他象征理论的基本观点："象征不是一种用来把人人皆知的东西加以遮蔽的符号。这不是象征的真实涵义。相反，它借助于与某种东西的相似，力图阐明和揭示某种完全属于未知领域的东西，或者某种尚在形成过程中的东西。"[1]

（三）语言符号及象征

（1）语言符号

语言与文字均为人类在生活中常用来表达自己的思想和某种感情的方式和手段。人类的语言往往都充满了各种象征，而且人们经常会使用一些象征语言来描述没有实际含义的象征符号或者意象，比如一些我们经常看到的商标，专利、药品标识，徽章、专用标记等等都是象征。虽然人们无法辨识或认出上述事物本身的基本意义，但它们具有的各种通用性与约定俗性，这便被人们赋予了可识别的基本意义。在这层意义上，它们只可以作为一种符号，用来表达所要代表的物体的符号。

1　高晓兰．整合与超越——荣格象征理论研究 [D]．黑龙江大学，2010：

荣格曾经用简洁的形式来定义一些语言符号。他认为，当一个词或一个形象远远超出一般概念及其直接意义时，它就具有特殊的意义或象征意义。事实上，不仅仅是一个词或一个图像，任何事物都可以是象征性的，它可以具有象征意义。因此，我们需要从我们所面对的事物或正在发生的事情中去感受和理解它们的象征意义和价值。这是心理学家从事心理学研究的基本功。例如，轮子本身的象征意义超越了人的意识和理性的范畴，渗透到集体无意识的层面。因此，在心理分析和研究工作中，理解这种象征意义，感受和体验它所代表的内容是非常重要的。

（2）符号和象征

所谓的象征，是指一个术语、名称，甚至是经常出现在人们日常生活中的一些景象。但是，除了具有传统的明显意义之外，象征也具有特殊的文化内涵。它意味着某些物体或者事件，对于我们而言，这些物体或者事件往往具有模糊性、未知性和遮掩性。例如，在希腊克利特岛上的纪念碑里面，许多都雕刻有双手使用一把斧子的图案，可是我们却并没有充分地了解这些雕刻具体的象征性含义。1921 年，荣格曾经在他的著作《心理类型》中首次提及象征和符号之间的关系。在这部著作中，荣格这样写道：“用来代替一种已知事物的措辞仅仅是一种纯粹的符号，而决不是一个象征。因此，从目前所知的各种联想中完全无法产生一种活泼的、充满含蓄和韵味的象征；如果我们能够准确地找到在此刻表示一个尚未明确认识或仅仅是相对于已知某一事件的特定精神形成产物的一个最佳举例，且如果我们将这一举例视为是一个表示特定情境下某种仅仅是推测性的、而尚未清晰地转化成为有意识的事物，那么它就有可能会被人们看作一个具有象征性的事件。”[1]1964 年，荣格在《人类及其象征》一书中又进一步申述他的观点。他表示，象征和标志符号的具体表达方式其实看上去很相似，都是使用一些具有艺术性的术语、名称等等。所不同的主要方面就是，符号本身仅仅只是一个专业术语、名称，没有任何特别意义，比如一些商标、英文字母的组合。而象征则有着十分丰富的内涵。象征的载体，虽然最初看起来也是一些术语、名称和日常生活中常见的诸多场景，但是，除了直接的指向

1　荣格. 心理类型 [M]. 上海：上海三联书店，2009：44.

和明显的字面含义以外，象征还有着特殊的内涵，它意味着某种对我们来说是模糊、未知和遮蔽的东西。其中一个例子就是"圆圈"。圆圈有无穷大的一种精神象征，代表完美与永恒，某些时候它也甚至可以说是象征着一种完美。再比如"树"的象征在荣格看来不仅是最常见的而且是具有很高艺术性和表现力的立体符号。它将宇宙中的天空、大地与水这三个基本成分有机地组合在一起。所以它其实是对植物生命力的一种象征。"影子"的象征其实代表了一个现代人被压抑的或者可能是被社会大众普遍认为存在重大缺点的某些或某个方面。[1] 因此，当一个具体词语或一个意象所直接蕴含的内容完全超过了它明显而又直接的符号意思时，就已经完全具有了象征性。象征具有深刻的潜意识特性，并且很难被准确地用语言来解释。

从以上论述不难发现：象征与符号有区别，但又紧密联系在一起。它们的共同点主要在于：第一，从外部的形式角度来看，符号与象征极其相似，都指的是一些技巧如术语、名字等；其次，从表达的深度来看，符号和象征的直接意义不及它们实际所代表的意义广泛。符号能够表达的通常是已知的事物，但象征本身就是对某种未知事物的一种参照。因而，象征是无意识的精神用它已知的意象来表达某种相对未知的事物，它们往往暗含着尤为丰厚的、不为人知的文化内涵。第三，符号的本质和意义主要是人们由于其普遍性或共同的风俗习惯而赋予的，具有特定的社会特征。象征的本质意义就是它通过联想、推理等各种心理机制给人以意识的感觉，并且具备了精神的属性。

（3）语言符号的象征意义

在荣格看来，象征性的产生是来源于人类无意识的投射，特别是集体性的无意识，其形成的过程也恰好与人类无意识表达的本质过程吻合。事实上，荣格的象征主义理论不仅是基于对无意识的投射，它还有另外一种可以被人解读的方式：荣格曾借助符号的概念，在比较中展示出了象征性内涵。由此可见，在荣格看来，象征性和符号密切相关。这就为我们把语言学引进到荣格的象征主义理论的研究提供了思路，探讨荣格象征主义的语言学基础便具备了理论依据。

1　荣格. 人类及其象征 [M]. 沈阳：辽宁教育出版社，1988：67.

　　思维使用的素材主要来源于语言和文字的概念，从远古的时期起语言就已经被视为桥梁，便于人们沟通交流。一旦思维定向，那么我们就是为他者思考，对他者说话。语言原本是一个由情感声音和模拟声音构成的体系。比如，人类表达惊吓、恐惧、愤怒、爱等的声音以及模拟自然环境中的各种声响，如，惊涛骇浪、流水潺潺、雷声翻滚、大风咆哮以及动物世界的嚎叫声等等，最后还包括那些表示听到的声音和由此生出的情感的混合物的词汇。大量拟声词的痕迹还保留在一些比较现代的语言中，举个例子来说，流水的声音在英语中就有这么多的表达方式：rush，river，water 等。因此，简单说来，语言究其根本而言是一个符号或象征的体系，它表示的是真实发生的事件或其实发生的事件在人类心灵中的反应。

　　语言的范围要比言语宽阔，因为言语不过是为了交流而公式化的思想外向流动，否则，聋哑人的思维能力将受到极大的限制，而实际情况显然绝非如此。即便对口语一无所知的聋哑人仍拥有自己的"语言"。从历史角度来讲，这种理想的语言和定向思维，正是冯特所说的"原始词汇"。冯特认为：声音和意义相互作用所导致的更重要的结果是许多文字慢慢将原始的具体含义丢失得一干二净，变成了笼统概念的符号，来表示关联和比较的统觉功能以及它们的生成物。抽象的思想以这种方式得以发展，其本身就是包括语言发展在内的心理和精神物理互换的产物，因为若没有意义的潜在变化这一过程是不可能完成的。

　　基于索绪尔的《普通语言学教程》一书，可对符号之间所呈现出的各种影响和作用进行相应的解释。这本书对我们认识和理解荣格的象征主义理论很有启发。索绪尔说："语言是一个用来表达概念的符号系统。它是符号最重要的构造和组成部分之一。同时，我们可以通过语言来了解符号学中所涉及到的知识。"即若想深切的了解研究符号所表达的具体含义，需要对语言进行深入学习，语言问题与符号学有着密切相关的联系，了解语言有助于理解符号学所表露出的特性。索绪尔曾对此表达过自身的看法：人类语言仅仅是语言的一个组成部分。同时，语言作为一种社会生活产物，又有一套必须遵守的规约，这一规约被社会所接受，同时要求全体社会成员都遵循。他还提到：这种语言制度实际上也是一种社会制度。在索绪尔的认知中,语言作为某种符号表现着自身的作用,同时也是符号的组成部分,受人类社会所产生的各项制度和规章的影响。在现实环境下,符号会暴露于整个环境中同时也会根据当前社会的具体形态而使符号带有一定的特征。根据此类问题,可了解到索绪尔和荣格在思考问题方面趋向于一致,我们若想深入了解符号学所表达的内容,就需要基于研究的内容所处的时代背景进行深入探究。只有这种特殊的社会历史文化背景才能够使得符号学更加富有意义。[1]

在索绪尔看来,符号的基本含义达成需要两个概念:能指和所指。他认为,符号学原则就是一系列能指和所指的互动和结合。其中,能指直接涉及这个符号的音响,所指涉及的则是符号的概念。这里需要特别强调的一点就是,索绪尔也曾表达过能指和所指与人的当前心理状态有关,可以通过人的各类心绪活动使之发生相互的联系,且为一个人所感知。并且,索绪尔还指出符号定义时需要满足两个要点,一是任意性,二是有线性。第一层意思说明所指和能指在互相结合与共同作用过程中表现出任意性。具体在情景中的使用时体现为该能指和所指并没有固定的搭配对象。语言表达者在其中并不可以随意地选择能指。第二层意思是说,能指在时间维度上的可实现性具有一定的单向度,在其开展相应活动过程中不受空间的约束,此两条含义皆说明符号的不变和可变性。符号有不变性的特征会由于语境以及具体的社会大环境和相应的传统习俗而约定;符号的可变性又是指能指和所指在相互结合与表达过程中所呈现出的任意性,使人们可以实现表达的自由。索绪尔在研究过程中将象征表述成某种具有特殊含义的符号,其目的旨在说明能指也可以用来对某种象征物进行表述,其本身也作为一种符号展现出其特殊的意义。

荣格对象征和符号之间的研究也相对深入,对二者之间的关系进行了有条理的叙述。因此,我们能够基于索绪尔的符号和象征方面的研究对符号和象征等产生的具体意向进行表征。荣格在此方面对二者之间的表达与索绪尔所表现的意思趋于一致,因而,在认知该类问题方面可以透过以下几点来辅助理解:第一,象征可以作为一种符号进行表现,在表达意义时

---

1 索绪尔,高名凯.普通语言学教程 [M].商务印书馆,1980:98.

通常会伴随着直接含义的呈现以及其内在真正含义的表达，而符号在参与象征表达的过程中并不能展现其真正含义。象征是能指与所指的一种结合性的表现，能指部分是人们能够透过表面现象看出的内容，而所指则是整个内容更注重于强调隐藏部分，需要人们经过思考才能获知的本质内涵。第二，能指和所指之间的相互作用关系呈现出任意性。因此二者之间的关系相对分散且也没有更加稳固的关系表现，任意性就会导致各类不确定因素呈现出多种结果，同时也包括其可变性。因而有社会规则进行约束时能指和所指之间就会被人们禁锢上规则条例，而当此种环境或此种规则被打破时，二者之间也会形成关系的断裂，从断开方向来寻找所指，所表现出的真正含义能够为我们对象征的具体理解带来更有力的帮助。象征可表现为建立在能指和所指之间的任意性关系方面所呈现出来的一个元素。第三，荣格针对集体无意识产生的一种象征特点进行了总结，作为人类思想活动中一种较为常见的构架进行表现。即便是两个地区未实现相互之间的沟通，且两个地区也没有相同的文化环境，这些地区在象征表达方面也会存在一致性。这种不因为地域带来的影响而产生分歧的作用力实质上就是集体无意识的象征表达。当前现代符号学所给出的结论内容依然相同，象征的构造不因空间因素的改变而改变。第四，若从语言词源的视角进行分析，象征物最原初的本意上便具有了分与合的双重内涵。这和索绪尔把他的符号论理论视为能指和所指的结合有巨大的共同感。既然象征标志着被一分为二的事物，那么，该事物断裂处的痕迹必是任意的、偶然的。其次，断裂的事物在发展过程中会不断融合其他事物来获得与之对接的另一半事物，此内容基于合的角度。而针对完整性要求是否能够合乎需求，主要针对能指和所指是否可以进行结合而展现出其特定的价值；断裂具有随意性的特征，因此在结合时相对任意。总的来说，基于词源内容可以对索绪尔所提出的观点进行判断与分析，在此基础上也能够对荣格所表现出的相对观点进行理解。

（4）语言符号象征性的操作

荣格引入了等值性的原则，用它来表达人类精神和动力能量的各种呈现形式之间的关系，等值性的原则被认为是一个象征力量实现的根本法则。

如果我们运用上述的语言学原理，就可以这么来理解：在等值性的原则的指导下，能量的流动和转移方式就是众多人类所指的存在的基础；当心理元素开始逐渐发生转移，能量也会随之变动，因此前者的心理元素也会被留下来，虽在存留过程中会被消散，但仍然有一些痕迹的存在。因而所指所呈现的内容通常存在含义重合的情况，使得所指所表现出的形态较多，也能够表达出符号与能指和所指之间的关系具有任意性，而象征符号所表达的内容同样由此呈现出多样化的特点。无意识的某种表达能够通过象征来进行展现，在该内容下能量逐渐发生转移，也可以表现出所指在能值之间传递的转化过程，对能指和所指所表达出的深层象征含义进行探索。也是立足于二者之间存在的断裂的情况下进行。

除此以外，"原型"也是荣格理论框架体系中最重要的名词之一，是整个集体无意识在思维形式上的凝聚。荣格曾经这样说："原型概念对于集体的无意识观点来说是必然且不可或缺的，它可以展现出人类精神的特殊形态，不受时间因素的影响而随时存在。"自从原型作为一种精神形态被确立了起来之后，就开始具有了稳固而普遍的内涵。在某种程度上，我们可以将它看成是一种相对孤立的象征。因此集体无意识象征形态所表现出的内容大多是原型产生的根源，在荣格所研究的内容中也能够清晰地表达出原型作为一种象征而存在。荣格也将其典型的原型进行了区分和辨别，并且通过多次实践操作将原型印在我们的心理认知中。原型在表达的过程中并非拥有着完美的含义，它首先是没有意义的形式，所表达的是一种对某类认知的状态；当原型场景与人当前的真实场景一致时，那个场景就会再次复活。原本无意义的某些内容就会变成一个象征性的符号而被称作原型，这时能指能够与所指进行相应的配合。而在正常生活状态中，人们所表现出的行为举止皆有原型的涵义，例如阿尼玛-阿尼姆斯。在上一章节我们提到，异性形象会存在于每个人的潜意识中，男性身上所表现出的某种异性状态为阿玛尼，是男性在以往的社会经验中与女性进行交往交流所产生的经验积累。阿尼姆斯则是反映了女性身上的一种基本男性原型特质，是一个反映了女性身上与男性打交道而获得的原型。荣格相信，任何一个人的心中都会形成某一永恒的异性形象，从本源来进行分析是一种集合无意识的表现，通常与个人祖先的各类经验有着密切的关系，同时此类形象也不单单指某个群体或某一种形象，在遗传过程中凸显出较大的作用，异性之间的相互接触才能使得心中的形象转换成相应的意识，在这一方面，最初的经验往往是最重要的，所以在这里我们分析的就是男性对自己母亲的体验和我们女性对自己父亲的体验。

当然，儿童的体验往往具有明显的主观品格特征，他们通过阿尼玛或阿尼姆斯各种构筑来凸显出心中的具体异性形象，从而影响着儿童对异性人物形象的感知。而后男性会通过阿尼玛所表现出的原型，投射到对他产生吸引感的女性身上；女性则通过阿尼姆斯投射到吸引自己的男性身上。这些投射所表现出来的意义为典型象征，透过所呈现出的人格特性予以精准表达可以使人格逐渐分化，而形成对某种意象的倾向。荣格说："世上唯有能够包容两面的事物，它们才可能是真正具有象征性。"荣格在此过程中强调了整体性所凸显的作用及具体指自身产生的无意识以及意识之间的相互整合。总的来说，荣格始终相信，人格方面的异性成分的存在能够被其他人看到，他人才能享受这种原型带来的益处。相反，不断否定个体身上的异性成分则会造成非常不利的后果。

在一次精神心理学的治疗中，荣格的一位病人讲述了一件事。他说他曾经梦到一个穿着破烂衣衫且皮肤粗糙的妇女，那个妇女似乎看上去就好像他的妻子，但是在现实生活中，他的妻子却绝非这样。实际日常生活当中的真实情况就是，这个病人应该是一位几近完美的绅士。所以，从表面上我们看来，这个幻想一点也不真实。这个男人当即拒绝，否认梦中的那个女人就是他自己的妻子，并声明梦是荒唐的。如果把上面的事例简单地看作一个具有象征意义的符号，我们暂且将梦中经常出现的粗俗妇女形象简单地称作为该符号的一个能指，妻子的真实形象简单地称作为该符号的另一个能指，将那些隐藏其后的真正含义简单地称作为该符号的一个所指。现在我们再分析一下那位病人的梦境也就简单明了了。梦中的能指，即衣衫褴褛的女人，其实正是这个完美绅士身上的女性的成分。而梦中的女人则是主角妻子这个能指。这个梦恰恰表述了，那个穿着破烂衣衫的女人与主角的日常生活有着紧密的相关。于是，原本让许多人感到困惑的梦的真正内涵也被揭露了出来。这个梦出现的意义在于维持主人公的心灵平衡，因为主人公在平日保持一个完美绅士形象时感到十分辛苦，这给他的心灵带来了不平衡。这才是这个梦真正的所指及无意识真正所要揭示的内容。为了更加准确地表达这个隐含的所指，无意识先是以阿尼玛作为象征和能指。从传统的女性形象到衣衫褴褛的妇女与妻子的相结合，体现了女性形象能指的丰富内涵，在真实社会环境中这种情况也经常出现，病人日常生活中是名形象较好的绅士，透过表面来对该问题进行分析，病人幻想所表现出来的内容很不符合日常生活中的真实状态，若男性拒绝承认此梦中所呈现出来的女人形象为自己的妻子，并认定该梦的不真实，梦境则不具备任何的真实特点以及其他含义。若此种现象作为象征意义的某种符号，可以对里面所呈现的内容进行简单的归类，例如梦中出现的妇女为符号的一个能指，而现实当中的真实形象为另一个能指，而背后发生此类现象的真正原因和表现出的真正含义称为一个所指。因此在分析该问题过程中，该男性所表现出的梦境也会减轻男性的心理负担，也可以使梦境所表现出的含义得到真正的解释，使得该男性能够表达自己真实情感的同时使自己的心理状态维持稳定。病人在平时保持的是一种形象完美的状态，但在具体的日常生活琐碎带给他的是无尽枷锁和束缚感，使该男性的心理产生不平衡感，因此此梦所要展现的真正内容为此方面的表达。梦能够将隐含的事实进行展现，无意识在先前阶段是将阿尼玛作为象征以及能指，女性所展现出的丰富形象可被能指，代表传统的女性形象到梦中的妇女、妻子之间的结合。如前所述，这也正是我们进行深度挖掘具有象征意义的入口，于是，借助自己已有的知识，我们深刻地品味并找出"阿尼玛"的基本原型。

总之，对荣格象征理论的研究，必须基于分析心理学的大背景之下。关键的问题在于，无意识的主体表述自身的变化过程正好与这种象征主体生成变化过程完全相吻合。换言之，象征来自一种无意识，尤其是集体无意识，它本身就是一种无意识用来表达自己的一种方式。在这一理论的基础上，对索绪尔以及荣格所表述的内容进行分析，不难发现，象征和语言符号之间存在着一定的关系，而且二者之间具有相似性的特点，因而在深入探讨研究索绪尔的现代语言学的过程中可将荣格所表达出的各项理论进行结合，荣格基于象征主义理论来研究语言学的过程，也是在研究语言学习过程中的重要踏板，可基于此来研究以语言学为理论基础的象征理论研究过程。通过实践检验索绪尔描述的语言学原理，可基于此来对荣格的象征理论进行深入的探讨和分析。

第四节　原型语言学

语言学家发现一个事实：在世界各地，18 个月到 28 个月之间的儿童，都会表现出令人惊人的、突飞猛进的语言进步。对于儿童语言能力的习得，行为主义者把它简单地归结为是一种受强化所致的学习模式，例如，当儿童所讲的话被人理解时，就会受到成人的奖励；当儿童不能开口表达想要的东西时，就会受到适度的惩罚。但事实上，除了强化学习之外，儿童的语言习得还有更多的归因。我们不难发现：在大多数的文化中，语言学功能得以发展的过程几乎是类似的。处于儿童期蹒跚学步的孩子就能掌握超强的词汇、成语和语词变化的能力，但成年人在需要在课堂里或语言实验室里经过几年的学习。语言学方面的专家认为儿童天生就有一个完全配备着言语能力的大脑。诺姆·乔姆斯基称之为语言获得装置，这个装置为他们形成使用字词和造句的习惯做好了准备。[1] 换句话说，言语的获得在原型层面上已经被确定为儿童发展蓝图的一个重要部分，并且这种发展蓝图已经在儿童的集体无意识中进行了遗传编码。虽然语法不同，但它们的基本形式是普遍通用的。乔姆斯基称之为它们的深层原型。就是说，在最深层的神经心理水平上存在着一个普遍通用的语法，所有个别的语法全都建立

1　Chomsky N. Aspects of the theory of syntax[J]. College Composition & Communication, 1965.

在此通用语法基础之上。

这便是原型语言学理论中所固有的悖论：它把普遍性与特殊性结合在一起。在这一点上，原型类似于柏拉图的理念。在柏拉图看来，理念是存在于客观的现象世界之上和之外的心理形式。它们是集体的，在这个意义上说，它们体现了各个群体中的一般特点，而不是某一群体或个人的某些独到特点。例如，某一只狗具有和所有的狗相同的特性，根据这些特性我们能够把它划归到狗这个类别。但除此之外，这只狗还有自己的特征，这使熟悉它的人能从几十只狗中分辨出来。因此，我们可以说：原型是所有人或事物所共有的特征，但我们全都是以自己独特的方式体验到这些原型的。

为了更好地理解语言的原型特征，我们应该在语言和言语间做一个合理的区分。这两个词的差别就在于：语言是一种稳定的、集体的、社会的风俗习惯；但每一个讲语言的人却使它带上了一种个人特有的言语风格，就像每一位作家使用这种语言时都带有某种个人风格。语言的获得依赖于个人具备某种语言原型的先天倾向，同时依赖于获得该种语言的社会环境。

因此，我们可以作如下表述：原型＋经验＝象征。这样一来，每一种象征便成为把个体与集体、个别与普遍结合在一起的能力，即弗洛伊德所说的"凝缩"。象征的性质各有不同：有些象征和意识自我紧密关联，以致我们很难从象征的层面来理解它；有些象征则太过原型化，我们也无法对这些象征做出任何自由联想。

保罗·库格勒在他的那本动人心魄的《话语炼金术》中寻求建立一门原型语言学的新学科。他把这门学科定义为"一种关于诗人的想象力的语言学"。他在前言中说："原型语言学是灵魂的梦的语言。这与荣格的洞见相一致，在荣格看来，它是人的本性自身的语言。[1]

---

1 Kugler, Paul. The Alchemy of Discourse: Image, Sound and Psyche[J]. Daimon Verlag, 2013.

第四章　分析心理学与文学

　　文学创作的秘密就像意志的自由一样，是一个心理学家只能描述却无法回答的先验的问题。尽管如此，现代心理学家们却从未停止过对文学家和其艺术创造力问题的探讨。近几十年来，荣格分析心理学思想在中国广泛传播，他的"集体无意识"与"原型"等概念，已经渗透进了越来越多的领域，特别是"集体无意识"这一概念，更是被现当代文学创作与评论、文学史、哲学史、社会学等领域采纳，成为基础性概念。按照这一趋势分析，"集体无意识"的概念有可能成为新时期文化和学术建构的框架性概念。

　　就荣格自己而言，文学艺术同心理学之间的关系是显而易见的，但它们的关系却是非常复杂的，特别是文学艺术同集体无意识之间的关系。一方面，荣格着眼于文艺作品中所反映出来的集体无意识的内容，另一方面，文艺创造者个体的情结是直接影响到文学作家写作的重要原因。因此，在荣格心理学体系的众多理论当中，集体无意识理论和情结理论对于文学艺术的作用影响特别凸显，荣格心理学的思想对于文学艺术的作用影响也主要表现在这两个理论上。例如，文学中的原型批判理论，便是从集体无意识的理论中衍生而来的一种文学批判模式。而对于文学作家创造动机的心理学分析，则更主要依靠的是情结心理学理论。

　　在这里需要强调指出，荣格的情结理论思想与弗洛伊德的情结理论思想在本质上有很大的区别。弗洛伊德认为情结主要是个人的欲望受压抑而造成的，而荣格则更关注作家背后的文化历史和社会。他以民族精神为研究对象，认为民族精神本身是一种与个人创作相关的心理基础，也是作家潜意识下更深层次、更具决定性的心理因素。基于以上两个因素，我们可以继续努力探索荣格心理学理论与文学艺术之间的深层联系。

第一节 分析心理学派的文学观

（一）荣格与弗洛伊德文学理论框架的异同

荣格心理学思想属于精神分析心理学流派，是它的一个重要分支。精神分析从产生那一刻开始便与文学研究结下了不解之缘，《20世纪世界文学百科全书》一文在书中就精神分析心理学和当代文学批评研究理论之间的密切联系曾这样论述：精神分析学从作品内部研究心理学因素，并揭示作品中可能存在的神话和原型，使对作品创造力的解释从作者生平转向了对更有系统的想象过程的研究，有助于作家深入挖掘人物的无意识世界，从而抓住内在主体之中矛盾和含混状态。

20世纪30年代，精神分析运动在欧洲乃至世界开始渐渐发展起来，但随后的十几年中该理论内部出现了严重的分裂。继阿德勒之后，1913年，荣格与弗洛伊德发生决裂，创立了他自己的分析心理学派。因此，我们可以说，荣格的心理学理论与弗洛伊德既有相同又有异处。作为弗洛伊德的学生，荣格在其心理学研究过程中不仅继承了弗洛伊德的许多重要思想，而且在更深广的层面上完成了对这位精神分析心理学开创者的超越。迄今为止，荣格的心理学思想已经深刻影响了诸多的学科和领域，但是，它对人类的贡献绝不仅止于此，更重要的一层还在于它对人类精神的影响。这种影响主要体现在荣格心理学与文学艺术之间的关系上。从荣格心理学的角度来看，作为人类精神的表象，文学艺术具有形象化、象征性、仪式性等特征。但凡谈到这些特征的时候，在批评家的潜意识中总会浮现出一些词汇，如民族、神话、传说、仪式、原型、情结……正是这些词象征了人类心灵当中最为隐秘的部分。

荣格一直强调与洛伊德心理学理论的差异，同时，他曾在他著作中对弗洛伊德的文学观点进行了多次批判，并试图与弗洛伊德划清文学理论界限。但就其实质而言，荣格与弗洛伊德的文学观有差异性也有继承性，二者的相同点十分明显。

首先，两者都认为文学创作具有幻想的性质。弗洛伊德认为幻想是从个人经验中获得的，幻想是现实的替代品。他认为文学作品剥夺了幻想的原始本质，成为了幻想的替代品。在《创造性作家与白日梦》一文中，弗洛伊德从对幻想的分析入手，解释了作者创造力的由来。[1] 荣格也认为幻想是作者创造力的源泉，但荣格认为幻想是一种真正的原始体验，而不是派生的或替代的东西，它是一种真正的象征表达。荣格给这种幻想中的原始体验起名为"集体无意识"。弗洛伊德的幻想具有三个时间维度：一种是能够唤起幻想者主要愿望的当下的印象及现时的某种激动人心的场合；第二种是产生这一愿望的早期的经历，通常是儿时的经历的回忆；第三种是体现了满足愿望的未来的情景。而在荣格的理论中，其幻想活动所突出的只有过去，而且荣格强调的是整个人类的早期过往经历所形成的幻想。其次，两者都同意童年经历在创作中的作用。弗洛伊德非常关注童年经历。荣格虽然不否认童年经历的作用，但他更关注神话的价值。他认为，丰富的古代神话是人类发展最早阶段的经验遗迹。原始体验深不可测，需要神话般的想象和隐喻来赋予它一种形式。

对荣格文学观的评论不仅需要与他的整体理论联系起来，还需要与弗洛伊德的理论进行比较。在了解了荣格理论的框架以及它与弗洛伊德的联系之后，我们可以更深入地了解荣格文学观与弗洛伊德的异同。二者文学理论的不同点主要体现在以下几个方面。

首先，二者对无意识的理解程度不同，主要体现在对集体无意识和个体无意识的理解上。荣格认为无意识有表层与深层之分，与之相对应的是个人无意识与集体无意识。与弗洛伊德的个性心理学不同，荣格强调的是超个性的集体心理，这便是他与弗洛伊德理论的最大分野。荣格认为那些反映人类历史、某个民族或者是自然神秘主题的作品，是很难用个体无意识及其压抑来解读的，相反，在这类文学和艺术作品背后的不仅仅是艺术家

---

1 张艳. 创造性作家与白日梦——关于弗洛伊德的读书笔记 [J]. 延安文学, 2004: 237-239.

个人，在艺术家的背后是一个民族的精神，甚至是整个人类的精神。荣格和弗洛伊德之间的主要分歧是关于力比多性质问题，荣格认为后者将力比多的能量只指向性欲的论断过于狭隘。荣格在他的文章《集体无意识的概念》中曾明确表示：他和弗洛伊德的区别是集体无意识与个人无意识截然不同，"因为集体无意识的存在不像个人无意识那样可以归结为个人的经验，因此不能为个人所获得。构成个人无意识的主要是一些我们曾经意识到，但以后由于遗忘或压抑而从意识中消失了的内容；集体无意识的内容从来就没有出现在意识之中，因此也就从未为个人所获得过，它们的存在完全得自于遗传。"[1]

第二，荣格和弗洛伊德在文学观念上的差异还体现在对情结的认识上。弗洛伊德相信自己已经通过对文学家个人经验的探索找到了一把打开分析文学作品之门的钥匙。这种方式是有行性的，因为我们通过对文学作品的分析不难得出，文学作品是可以追溯到情结上去的。弗洛伊德认为：所有的文学创作均具有一个非常明确的心理和精神诱因，而且所有的诱因均是从早期儿童生活体验中产生的。这也正是弗洛伊德伟大的发现。不可否认，我们可以在作品的根源及其分支中偶然发现文学家个人心理状态的踪迹。但是，弗洛伊德学派认为个性因素在很多情况下不仅决定了文学家对素材的选择而且决定了文学家赋予素材的形式，他们把一部文学作品看成是某个文学家精神压抑的产物。从这一角度来加以分析的文学创作显然是狭隘的。而荣格学派则认为：混杂在文学作品当中的各种个性化特点是不可以说明其艺术作品的精髓所在，作品中的个性特征越多，就越不称其为艺术作品。艺术作品的精髓远远超越于万千人物的个性之上，它是艺术家自己的思维和心理与整个人类的思维和心理之间的对话。

第三，荣格和弗洛伊德针对艺术家的才能的来源有不同理解。弗洛伊德学派提出了所有的艺术家都带有的显著的婴儿自体性欲的特征。然而荣格认为，艺术家并没有一直表现出其自体性欲，他们往往是高度客观的、非个人的。荣格还认为，文学家的创造性精神活动本身是一种具有自发性的活动，文学家们的某种艺术创造冲动和激情都是直接来源于他们的一种

1　荣格．心理学与文学 [M]．北京：三联书店，1987：92．

无意识之中的自主性感受。就文学作品的创造者本身而言，他们本身就是自己无意识自主情绪的工具和俘虏。荣格曾经解释说："文学是一种天赋的动力，它抓住一个人，使文学家成为它的工具。文学家不仅是拥有自由意志、寻求实现其个人目的的人，而是一个允许文学通过自己实现艺术目的的人。孕育在文学家心中的作品是一种自然力，它以自然本身固有的强大力量和机敏去实现其表达。它的目的，完全不考虑那作为它的载体的文学家的个人命运。"所以，根据荣格的观点，根植于文学家无意识深处的创作冲动和创作激情是创作的原动力。它既具有个体生存的痕迹，又是集体无意识的结果。

（二）荣格心理学的文学观

荣格认为：心理学可以被作为一门关于研究人的心理活动过程的学问，也同样可以被广泛运用于文学。由于一切的艺术、科学都必须是在人的心灵中孕育而成。所以对于心理学的研究要能够准确地解释艺术品的内在心理框架，也能够揭露出让每位文学家具备其艺术创造性的各种影响因素。

（1）两种创作类型

在1922年发表的《论分析心理学与诗歌的关系》一文中，荣格将创作过程分为两种：在第一种情况下，文学艺术作品是意识的产物，造型和设计都有着事先打算取得的效果；而在另一种情况下，文学艺术作品则是不依靠意识的帮助，任性地坚持自己的形式和效果，"自己是实现自己目标的东西""这些作品有着自己与生俱来的形式"，作者"想要增加的任何一点东西都遭到拒绝"。[1]

两类作品的效果不一样：前一类的效果被作者的意图所限制，我们很容易理解；后一类型则超越了我们的理解能力。他认为，对于后一种类型，"我们将期待形式和内容的奇特，期待那只能凭直觉去领悟的思想和富有含蓄意义的语言，期待这样一些意象，这些意象由于最可能表现某种未知的东西而成为真正的象征——那通向遥远彼岸的桥梁。关于创作与作品的这样两种类型的划分，显然是基于意识与无意识的心理学划分的。

1　荣格, 侯国良, 顾闻. 分析心理学与诗的艺术 [J]. 文艺理论研究, 1986(5): 72-80.

在《心理学与文学》一文中，荣格将这两种类型分别称之为："心理式"和"幻觉式"。前者加工的素材来自人的意识领域，如人生教训、情感的震惊、激情的体验、人类普遍命运的危机。后者的素材是一种超越了人类理解力的原始经验，它从永恒的深渊中崛起，显得陌生、阴冷、多面、超凡、怪异，它是永恒的混沌中一个奇特的样本，是对人类的背叛。荣格明确地说：那种在幻想中显现的东西也就是集体无意识。集体无意识，才是荣格所热衷谈论的创作动因。[1]

正如荣格所陈述的，在创作过程中无意识力量的表现，主要有这样三个方面：一是作品大于创作者，亦即是创作者以为自己知道自己说的是什么，却说出了多于自己所知道的东西；二是创作冲动的力量，成为在创作者自由意志后面的一个更高的命令；三是作家及作品的生命力。荣格说："一个已经过气的诗人，常常突然又被重新发现。这种情形发生在我们的意识发展已经到达一个更高的水平，从这个高度上诗人可以告诉我们某些新的东西。实际上，这些东西始终存在于他的作品中，但却隐藏在一种象征里。只有时代精神的更迭，才对我们揭示出它的意义"。

（2）两种审美类型

集体无意识是与个人无关的，于是作为集体无意识表现的作品，也就成了一种自主的精神产物。荣格说，文学艺术作品像植物一样，是一个有生命的、"自身包含着自身的过程"，艺术作品中的意义和个性特征也是与生俱来的而不取决于外来因素。人们几乎可以把它描绘成一种有生命的存在物，它把人仅仅用作一种营养媒介，按照自身的法则雇佣人的才能，自我形成直到它自身的创造性目的得以完全实现。荣格认为：创作者仅仅是一种媒介，作品成为一种自主的力量。于是，荣格找到了伟大艺术的奥秘：创作过程，在我们所能追踪的范围内，就在于从无意识中激活原型意象，并对它加工造型精心制作，使之成为一部完整的作品。通过这一过程，"艺术家把它翻译成了我们今天的语言，并因而使我们有可能找到一条道路以返回生命的最深的泉源"。[2]激活并加工原型意象，这是荣格为艺术家们提

1　荣格. 心理学与文学 [M]. 北京：三联书店,1987：111.

2　荣格. 心理学与文学 [M]. 北京：三联书店,1987：122.

出的一条路径。

1921 年，荣格在《美学中的类型问题》一文中提出了两个美学概念：移情与抽象，并对它们作了心理学的解释。他说："美学实质上是应用心理学，因此它不仅与事物的审美性质有关，而且也与，并且主要与审美心理学问题有关。就像内倾和外倾是有差别的这样一个基本问题一样，移情和抽象不可能不引起美学家的关注。毋庸置疑，荣格所说的"审美心理学"这一概念，不仅仅是指在审美中存在着内倾与外倾这两种类型，荣格的兴趣又并不在说明这种类型的人在审美方式上的区别，他所关注的是阐述包含在与这两种类型相对应的抽象与移情的概念中的对待世界的心理状态。荣格说："具有移情态度的人发现自己置身于这样一个世界之中，这个世界需要他用自己的主观感情给予它生命和灵魂。他满怀信心，要通过自己来使这个世界变得充满生气；而抽象型的人却在面对神秘的对象时感到充满疑惧和困惑"。[1]

（3）荣格文学观的意义

相比起弗洛伊德的文学心理研究而言，荣格的文学心理学思想可以说是一种伟大的超越。在荣格看来，弗洛伊德对文学艺术的研究模式，就如同是一个正在进行着的医学解剖实验。荣格认为：弗洛伊德的文学研究只是剥掉了艺术作品闪光的外衣，将包括了诗人和文学家在内的整个人类的赤身裸体和死气沉沉统统暴露在外。但是，文学作品被当作人类神经症以及个人性幻想下的产物，这种研究方法实质上代表一种机械的、僵化的批评模式，荣格反对仅仅从纯粹的医学角度来分析文学作品，他希望能够用更为恰当的方式来理解文学作品。这种恰当的理解方式就是：把人们对文学的理解从人类自身引向更为广阔的自然空间。将文学艺术作品放置在一个更加深广的背景下来考察，这种批评方法的优点不仅仅在于把文学艺术引向心理学层面，更为重要的是它对人类精神和心灵的探索。把人类的心灵还原到一种原始状态，这种方法本身意味着将人类心灵与自然联系起来，因为人类的原始状态正是一种自然状态。

荣格运用分析心理学的核心观点来分析文学，在这一领域取得了重大的进展，对现代心理学与文学的跨界研究仍有很多借鉴意义。

1　荣格. 心理学与文学 [M]. 北京：三联书店,1987：224.

　　首先，荣格为心理学与文学的跨界研究设置了基本的边界和前提。他认为：探讨分析心理学与文学之间的关系是一项很艰难的工作，且二者不具有可比性，但是探讨一下它们之间明显存在的密切联系却十分必要。因为文学就像其他的来自心理动机的人类活动一样，可以从心理学的角度来进行探讨。然而，这样的探讨也包含对心理学观点的明确限定，即只有包含在文学创造过程中的某一侧面才能够成为心理学研究的对象，而构成文学本性的那个方面则不能。心理学家永远也不能回答艺术是什么这个问题，这个问题必须从审美的角度来考察。因此，当我们在谈到心理学与文学之间关系的时候，我们将只探讨能够用心理学方法来研究而又不违背它的本质的那个方面。不管心理学家如何想要对文学进行各种探索，都将仅仅局限于一个由文学所创造出来的过程，而与其内在实质上没有什么关系。我们频繁地看到文学作品通过被归纳到更基本的状态的方式来进行精确解释。尽管，作家所创造的文学素材和个人的表达方式可以很容易地直接追溯到他与其父母之间的关系上，但是它对我们认识和了解他的文学作品却毫无用处。这一理论是研究文学与心理学关系的基本前提。

　　荣格提出了用分析心理学来研究文学所采用的方法及面临的艰巨任务。荣格提到：精神的特征之一在于它不仅是一切生产力的来源，而且更是它在人类的全部心理活动及其成果中的表现。因此我们很难从根本上抓住精神的本质，而只能在它的多种多样的表象中认识它。因此心理学家需要广泛地熟知各个研究领域，穿越所有那些精神的可见表象，研究表象背后的精神内涵。因此，心理学家就必须面临着两个彼此相互分离而又截然不同的任务，而且一定要用完全不同的研究方法对其进行分析。一方面，荣格希望能够将文学和艺术作品还原到一个更为初级的状态。这个状态并非弗洛伊德所指的性本能及其压抑的层面，而是一个民族、甚至是人类整体的原初的心理状态。他认为，通过这种还原，批评家可以找到影响文学艺术的更为深层的心理动机，并且更确切地理解文学艺术作品以及文学家的创作活动。另一方面，就文学作品来说，我们所需要面对的是一种复杂心理活动的产物，即一种具有明确目的和自觉形态的结果，进而分析和解释其中的对象，它是一种具体化的艺术成就。

第三，荣格区分了对作家和文学作品的心理学解读。他认为，我们需要研究的应该是人类的心理结构本身，把富有创造力的人作为独立的个性来分析和解释。荣格在《心理学与文学》一文中说："人类心理是孕育一切科学与艺术的母体。一方面，我们可以指望用心理学研究来解释一件艺术作品的形成；另一方面，也可以用它来揭示使人们具有艺术创造力的诸多因素。"[1]在第一种情况下，我们必须大胆尝试着对一项明确的、可界定的具体艺术成就进行心理上的特征分析；而在第二种情况下，我们则必须把文学家和富有艺术创造性的人当做一个独特的人格来加以分析。可见，文学艺术创作的动因不仅局限于原型所呈现出来的原始意象中，还与创作者自身的心理发展密切相关。

此外，荣格的文学观对文学走向有重要的意义。他的思维方式侧重对无意识的探究，对弗洛伊德病理学的思维方式有一定程度的摆脱。他超越了生物性束缚，走向文化和传统；超越个体性，走向集体、民族和人类。荣格向下探究心理的原始底层，看到了个体与民族心理的关系。虽然，荣格采取的是一种完全向后看的单向视野，但比之弗洛伊德仅仅从个体童年经验上来论述个体精神历程，其眼界无疑要深入不少，并且也阔大得多。另外，荣格的集体无意识理论及其文艺美学观对现代主义文学有重要影响，艾略特、叶芝、乔伊斯等作家对古代神话、古代文学及原始"血缘意识"的兴趣都与荣格有关。受其影响，20世纪三四十年代，西方批评界出现了一个原型派的文学创作研究和基于内在心理反应的荣格学派。20世纪60年代以来，伴随着对工业时代、现代性的反思，一系列全球化问题袭击了人类，如后现代、消费时代、信息社会、生态危机等，这场变革带给人类前所未有的挑战：人性、人心、人的情感领域和精神领域的震动与变化。而这种变化也必然影响了当代中国文坛作家的创作姿态和审美心理。因此，运用分析心理学去关照当代作家的创作心理，便有可能对现代人的某些病症进行精神分析，在这个意义上，分析心理学关注的是现代人的"精神生态"，这对于文学的心理批评是有意义的。

---

1 荣格. 心理学与文学 [M]. 北京：三联书店,1987: 19.

第二节 分析心理学与文学家

在荣格看来，文学和艺术的创造性就像柏拉图说的"迷狂"，是一种不自觉的精神活动。虽然文学家自己也意识不到那种源于无意识深处的创造力，但他却必须而且也只能无条件地服从这一动力。因此，当一个文学家开始进行创作时，表面上，他似乎是服从于自己艺术宗旨和创作意图，但其创作实际却依旧会受无意识的操纵，仍然是一种自发的创作过程。因此，荣格认为：在分析文学作品的写作意图和创作动因时，不应该仅仅听取作者自己的一家之言，还要从心理学的角度去进行考察。

（一）文学家的创作情结

情结理论是分析心理学体系中的一个重要概念。为了从社会心理学的角度来论证艺术创造的内生驱动力，荣格就此提出情结的概念，将其定义为"一种无意识的心理纠葛，是被意识压抑在心灵深处日积月累形成的具有本能冲动与情绪倾向的某种意念群。"

按照荣格的观点，情结基本上是根植于无意识的原型，它被认为是一种心理的组成部分，在意识的控制领域之外可以独立地存在。一般来说，人们根本意识不到它的存在。当文学艺术创作者对于外部事物和生活的好奇感逐渐降低或减弱时，便会趋向自己的精神和心理世界。这时，这种独立的自主情结就能够从认知中转移并利用回流的一些能量来发展自己，这便会对作者自身的创作起到主导作用。而这一自主情结的发生，正是人类精神深处的一个集体无意识的原型。从文学心理学的角度来看，情结理论为文学批评和对文学作品的心理分析打开了一条新路；同时，情结理论还加深了文学研究者对文学作品的领悟和理解，使研究者站在更为深广的层面上透析文学创作者的心理世界。

因此，在对文学作品的心理学考察中，情结理论是一个非常重要的批评角度，多种情结模式可以运用于解释复杂的文学文本及其表现出的心理结构。但是，我们还应该看到，情结理论及其应用不应当仅仅局限于对文学作品的心理分析上，它对于作家本人的心理分析，以及作家背后的集体心理分析都具有非常重要的意义。通过一些优秀的文学作品，以及它们所反映出的心理情结，我们几乎可以洞悉某个民族、甚至全人类集体心理的情结结构。

在分析心理学的视角来看，情结对文学家创作的重要影响体现在以下几个方面。

首先，情结和创作者个体境遇和自我无意识息息相关。每个人都有父母，都有父亲的或母亲的情结，都懂得性欲，因此也都有某种普遍的和典型的人性的难题。一位作家可能受到与父亲之间关系的影响多一些，另一位作家可能受到与母亲之间关系的影响多一些，而在第三位作家的作品中则清晰地显示出了性压抑的迹象。因此，每一部文学艺术作品都或多或少牵涉到个人的经历和境遇。关于一部文学作品的评析，也是关于这部作品的心理学前提的知识的扩展和深化。弗洛伊德的医学心理学派推动了文学家把艺术作品的某些特殊性与作家的个人隐秘生活联系在一起，揭示出了文学家有意或无意地编织在作品中的个人线索，从而把产生于婴儿期而作用于艺术创作的影响因素更为详尽地展示出来。在这个意义上来说，艺术的精神分析和深入的文学分析能揭示出创作者和作品之间的微妙联系。它基于这样一种假设：作家由于某些内容在道德上与他的意识价值相矛盾，就压抑了这些心理内容。这些被压抑的内容具有相反的特性，这些特性令他们无法被意识所接纳。在某种程度上，每个人都会有情结，因此，运用弗洛伊德的解释技术，所有作品都是意识被压抑的结果。但是，当把这种归纳法应用于每一部艺术作品的时候，它剥掉了艺术作品的闪闪发光的外表，揭露了文学家单调的、赤裸裸的共性。本质上，这种分析只是透过表面意识的来触及心理背景或者达到个体无意识状态。

第二，情结是作家创作的集体情结表征之一。同原型相似，情结也有多种类型。它既反映了人类的心理类型又指向人类集体的创作心理动因。实际上，个人情结也只是影响文学家创作的部分因素，在荣格文学心理学中，个人情结之外，还有一种被称为"集体情结"的要素。荣格认为，个体无意识是情结的主要构成要素，但是荣格心理学体系中的情结区别于弗洛伊德的个人情结，例如，荣格在探讨心理学同文学之间的关系时所提到的"自主情结"，就同弗洛伊德的"弑父情结""恋母情结"等有很大区别。因此，荣格认为集体情结才是影响文学和艺术作品形成的更为深层的原因。在荣格看来，作家的创作欲望从属于人类的本能欲望，它是一种自然的、原始的冲动。他是这样来形容作家的此种自然本能的：在文学家的心灵中，文学创作是一种自然力量，它或是以独断专行的威力，或是以自然本身难以捉摸的狡诈来达到它的目的，根本不屑于关照作为它的媒介的作者的个人命运。在作者内心生存滋长的创作激情像一棵从大地中长出的树一样吮吸着它的营养。

集体情结在个人情结之外，蕴藏着更深层次的非个人情结因素，取决于人类的集体无意识心理，是超越个体无意识的存在。诸如恋父情结、恋母情结、自恋情结等等，都是情结理论运用于文学批评的经典例证，但是这些情结往往同弗洛伊德及其个体无意识心理学联系得更为密切，对这些情结的研究似乎满足于性本能及其压抑的心理学解释，在这些作品中，人们似乎很难注意到隐藏在个人情结之外的集体无意识因素。但是，还有另外一些作品，是用个人情结所无法解释的，这些作品的数量甚至更为庞大。它们同民族、历史以及神话传说等因素的关系更为密切，在心理上也更多地受到这些要素的影响，在其作品中所表现出的精神和心理状态完全超越了个人情结的范畴。就像荣格所描绘的那样，他们的写作本身已经不再是个人的精神活动，他们代表了一个民族的精神，在他们背后站着的是一个民族的集体形象，他们的字里行间流淌着整个民族的声音。

因此，文学艺术家的情结，既属于文学艺术家个人，但是又不完全局限于作家或艺术家个人。情结在空间上象征了整个民族的集体心理，在时间上传承了整个民族的历史。所以，即使在那些描绘个人遭受的文学作品中，读者依然能够感受到其背后的某个民族的悲剧。文学家之所以能够创造影响一个民族或是一个时代的伟大作品，是因为在他的灵魂深处藏着这个民族或是时代的真正的精神之源。在这些作品中，文学家勾勒出民族精神的轮廓，并使其同读者的灵魂相互沟通，以唤醒更多人心灵深处的共鸣。

（二）文学家的态度和特征

当心理学家和文学批评家在分析某一文学作品时，他们的态度是有根本不同的。文学批评家认为那些具有重要的决定性意义或价值观念的事物或许是跟心理学家毫不相干的。而所谓的"心理小说"对于心理学家而言，根本就不能像其他文学家所能够想象的那样具有价值。但是，某些主题不明确的小说或文学作品对于心理学家而言却常常具有很大的吸引力。这样的作品被看作是一个独立的整体，它本身就是对自己的解释。它已经基本完成了自己的心理解析工作，心理学家至多也只能在这一基础上对其进行批评或者补充。

富有创造力的文学家都被认为是一个具有二元个性的人，或者说他们就是矛盾性特征的综合体。一方面，作家是一个有着个体生活方式的普通人；同时，他们又承担着非个人的创造性过程。作为普通人，他们可以是健康的或者是病态的，他的个人心理状态能够并且应该从个性方面来解释。然而，他只有在自己的创造性成就面前才能被理解。由于明确的艺术心理状态的特征是集体性多于个性，因此艺术家存在着一种神秘的相似性。艺术本身就有一种内在的驱动力，这种驱动力能够捕捉到一个人，并且能够促使文学家变成它的手段和工具。在这个意义上，一个文学家并非一个拥有自由的意志、追求达到实现个人目标的人，而是一个能够让艺术透过他来达到并实现艺术目的的人。身为一个普通的人，文学家可以具备个人的情绪、意志和目标，但是身为一个大众的文学家，在一个比较高的意义上说，他本身就是一个"集体人"，是人类集体无意识的精神和生活方式的媒介和塑造者。这就是文学家的任务和使命，这个任务有时候会非常艰难，以至于文学家不得不牺牲个人幸福以及普通人的生活才能实现。

虽然文学家自己也意识不到那种源于无意识深处的创造力，但他却必须而且也只能无条件地服从这一动力。因此，文学家们的创作生活必然地也会因此变得充满各种矛盾和激烈冲突，因为在他们的内心中必然存在两种的力量正在彼此进行斗争。一方面的力量表现为一个普通人对幸福、满足和安全的合乎情理的强烈追求；另一方面则可以直接表现为一种践踏个人理想愿望的创作欲望。从这个角度来看，文学家的生活虽说不上是悲惨的，却通常都是极不令人满意的，这并不是因为他们自己的经历过于悲惨，而是因为他们个性中有某种因素与所处时代并不适应。

（三）文学家的个人命运与精神需求

文学家需要为文学创造的激情付出巨大的代价。在文学家的心中，最强大的力量存在于他的天性之中，那就是他的创造力，这一力量把文学家们紧紧抓住。在文学家的创作过程中，如果没有任何有价值的东西从中挣脱而出，这种创作冲动会使他的人性消耗过多，以至于个性的自我只能存在于一个原始的、低等的水平。文学作品的写作过程已经转换为文学家自己的命运，也就决定了他的精神和心理状况。所以，有人说：不是歌德创造了《浮士德》，而是《浮士德》创造了歌德。[1]《浮士德》在其本质上被认为是一种象征，它是活在每一个德国人的灵魂深处的某种东西的表现，是歌德促成了它的诞生。《浮士德》激活了人的"原始意象"，是智者、辅助者和救世主的原型，也是术士、骗子、贪污者和魔鬼的原型。这种意象从人类历史萌芽时期开始就潜藏在无意识之中，当时局动荡，某一个重大的错误使社会偏离了正确的方向，它就被唤醒了。因为当人们的生活偏离正轨的时候，他们就会从内心需要一位向导、一位导师甚至是一位医生。

文学家的作品以这种方式满足了文学家所生活的社会的精神需求，从而，不管作家有没有意识到，它都比个人命运的内涵更丰富。作家在本质上是他自己的作品的工具，而且他从属于这个作品，因此我们不能期望他合理地解释自己的作品。因为，作家已经全身心地投入到了集体精神之中，深入到了治疗和补偿的层次。这里，作家的个人意识在错误和痛苦的绝境中迷失自己，但是所有的人却都被这种不平常的节奏所吸引，这种节奏允许个人与整个人类进行情感方面的沟通。艺术创造和伟大艺术对我们造成影响的秘密在于这种重新陷入分享奥秘的状态，因为，在这种经验的水平上，集体的生活比个人的福祸更加重要。这就是每一部伟大的艺术作品都是客观的和不受个人情感影响的，同时也是感人至深的原因。这也是文学家的

1　荣格. 心理学与文学 [M]. 北京：三联书店，1987：66.

个人生活至多也只能起到帮助或阻碍的作用，却永远不能成为其创造性工作的本质的原因。

　　荣格看到，文学家是如何通过这样一种被认为是"消极"的方式来处理自我精神与人类社会以及自然之间关系的。很多文学家选择从人类社会中逃脱出来，希望彻底解放无意识以及人的自然本能。就像梭罗一样，他希望通过一种逃避的方式来实现自然赋予的内在精神的解放。十九世纪初的浪漫主义和原始主义通常被视为开端，它们把个人的创造力、幸福和满足感与亲近未经改变的自然联系起来。甚至包括那些陷于迷狂状态的文学家们，他们正是利用了短暂的逃避方式，来摆脱理性对自然本能的压抑。文学家的此种行为正是一种"超个人"的行为，艺术作品所反映的情结也是超越个人情结之外的。荣格所寻找的现代人的灵魂正是这种超个人的情结。荣格曾表示：人类期待的将是只能凭自觉去理解的新奇独特的行事、内容和思想，是一种含义隽永的语言，是真正的象征形象，因为它们是某种未知物的最恰如其分的表现——是跨向那未知世界之岸的桥梁。

　　毫无疑问，把作家视野从表现个体日常心理引导到关注社会文化的心理，这是荣格对文学的最大贡献。精神分析旨在分析作品内在的意义以及作家个人潜在的创作心理气质，这二者是对应的。事实上，后来的心理分析学家在运用精神分析作为武器进行批评时走的正是这条路线。作为西方现代非理性主义文艺思潮的理论基础，精神分析学一直在被不断地修正并一度被试图用于阐释与当下社会相吻合的人类各种心理病症。无论是阿德勒的"个体心理学"，荣格的"分析心理学"，还是到后来拉康的"能指"理论以及布鲁姆的"影响的焦虑"，都尝试用不同的途径（前者研究内容，后者研究形式即语言）了解人类涌动的心灵世界。美国心理学家埃里希·弗罗姆就指出：修正了的精神分析学将更深入地沉入无意识的深层世界，它将是对一切使人扭曲、使人畸形的社会的批判，它将关注能够导致社会适应的人的需要，而不是人工适应社会的进程。具体说，它将审查构成当代社会的病态的心理现象——异化、焦虑、孤独、深沉的恐惧感、缺乏活力……明确地说，分析心理学将研究在今天和未来社会中产生的慢性的轻度的精神分裂症。所以，运用分析心理学的观念、理论和方法对文学现象进行研究、评述，就显得富有意义。因为，无论从哪个角度，文学现象毕竟都是人类精神活动，心灵活动的过程或结果，体现了人生和人性的丰富内涵，而这些恰恰又是分析心理学始终关注的对象。

第三节 分析心理学与文学作品

要想正确地评价一部文艺作品，分析心理学本身首先必须完全摆脱医学的偏见，因为一部文艺作品不是一种疾病，所以需要用一个与医学方法不同的方法来对待。我们应当考察文学作品典型的人文决定因素，探求其内涵，但是只在这些因素能使他更完全地理解作品意义的时候，才去关注这些决定因素。因为一部艺术作品不是一个人，而是某种超个人的东西。它是一个事物，而不是一种个性，因此它不能用个性标准来判断。因此，一部真正的文学作品的特殊意义就在于它逃脱了个性的限制，超越了其创造者个人的利害关系。

因此，尽管一种带有纯粹生物学倾向的心理学能够在一般程度上适用于人，但它却不能应用于艺术作品，更不能应用于文学家那样的人身上。纯粹的因果关系的心理学只能将每一个个人归纳为人类中的一员，因为其全部范围被限制在由遗传带来的或者从其他来源衍生出来的因素中。但是，一部艺术作品却既不是遗传的，也不是衍生的。它是那些因素的创造性重组，而因果心理学一定总是要把艺术作品归纳到那些因素上去。一部艺术作品的意义和个性特征是其固有的一部分，而不是存在于其外部的决定因素中。

（一）原型与文学作品

对于人类意识而言，原型的最初内容是很难把握的。仅凭借意识活动很难确切地理解人类原型的内容。集体无意识始终引导着人类的意识和行为。因此，当我们站在集体无意识的角度来理解小说、戏剧、诗歌以及大多数的文学艺术作品的时候，不难发现，我们所感受到的快乐、痛苦以及各种情感，都同最遥远的古代相连接，我们的这些感受同原始人所感受到的几乎一致。随着人类学的科学研究更为深入，荣格的集体无意识理论得到越来越多人的认同，其原因似乎就在于他发现潜藏于人类记忆深处的、最为真实可靠的、但却是最难以理解、难以把握的东西。此外，荣格还提到了童话对原型的表现作用，实际上它以更为婉转的方式表达原型的内容，它要比神话传说表现得更为隐晦，但是童话却更能够激起人们童年时代的记忆，这种记忆是同集体无意识紧紧连接在一起的。因而，在原型的表现形式上，荣格认为原型是以一种神秘的、婉转的方式来表现自身所包含的内容，表面上看，这种间接的表现方式是为了使意识难以察觉，更为深层的原因还在于原型内容的复杂性。

原型之所以能够对人类精神产生重要作用是因为它的反复性特征。荣格认为，原型的复现特征体现在人类历史的整个过程当中。例如，在一个民族中，某些原型意象在各个历史时期的文学和艺术作品中不断复现，虽然这些文学艺术作品的表现方式有所不同，但是它们所描绘的原型意象却拥有相同的来源。这就是古代的文学艺术作品同样能够引起现代人共鸣的原因。原型的力量非常强大，反复出现的原型意象更进一步加深了原型对人类心灵的影响。原型意象甚至超越了某个民族的界限，并对其他种族成员的心灵产生强烈的影响。例如，一件优秀的文学艺术作品可以在不同民族的欣赏者心里引起相似的反应，其原因就在于人类集体无意识深处原型意象所具有的普遍特性。此外，原型的作用还体现在更深的层面上，荣格认为，正是原型"把我们个人的命运纳入了整个人类的命运，并在我们内心唤起了所有那些曾使人类脱危解难、度过漫漫长夜的慈善力量"。[1]

（二）原型意象与文学作品

荣格的原型理论又是跟意象分不开的，通常被称为"原始意象"。荣格认为，原始意象是全民族共有的，可以解释我们知觉的规律性和统一性。在进行艺术创作的过程中，文学家们可以给艺术作品赋予形态，把艺术作品全部翻译成现代的语言。在这一过程中，文学家找到一条重新回到自己生命最深处的根源和归宿的道路。因此，艺术的重要性和社会意义就在于：它始终致力于时代的精神，呼唤时代最缺少的内涵。文学家们从无意识中的原型意象得到满足，这些原型意象能很好地弥补当下时代文化的匮乏与

1 荣格. 分析心理学与梦的诠释 [M]. 南京：译林出版社，2014：89.

片面。文学家捕捉到这些意象，把它们从无意识领域的最深处重新提取了出来，对它们进行了转换，并把它重新带入了意识之中，直到同一个时代的每个人都可以依靠自己的力量接受它。正常的人可以在所生活的时代中随波逐流，而且不会让自己受到伤害，但是文学家却比较欠缺适应的能力。这反而变成了文学家的特点和优势，它可以促使文学家们更多地追随自己的愿景和欲望，逐渐远离那条已被很多人走过的路，去发现能够满足他们所处的时代需要无意识精神。因此，伟大的文学作品对我们的影响还蕴含于原型意象在无意识中的激活。

从荣格分析心理学的观点来看，一种原型内容，首先和最重要的是在意象中表现其自身。最一般的意义上来说，荣格原型理论研究的是关于集体无意识的意象，因此，集体无意识的概念是原型理论中最主要的概念和范畴，这是荣格分析心理学的核心，可以说理解了无意识就理解了荣格心理学理论的精髓。各种原型都是从我们祖先那里承袭下来的，而文学作品中的某些部分就是作家在写作的时候不经意间流露出来的原型。一种原型的冲击之所以使我们激动是因为它唤起了一种比我们自己的声音更强的声音，而撼动着我们的心灵。这种声音无论是采取直接经验的形式还是通过口语来表达，都是用原始意象在说话。这种声音既有迷惑性，又压倒一切，而同时使文学家想要表达的思想超越了偶然与短暂，进入了永恒的王国。这种声音把我们个人的命运转变成了整个人类的命运，并且唤起了我们心中所有的共鸣。

原型本身并没有善与恶之分，在道德上原型是中性的，只有当它与自觉意志相联系的时候，它才会变成善或恶，或者成为自相矛盾的善与恶的混合物。无论它趋向善还是趋向恶，都有意或无意地由意识态度来决定。这样的原型意象很多，但是只有当它们以脱离中性的方式被激活的时候，它们才会在个人的梦境中或艺术作品中出现。只要意识生活变成了片面的或者采用了错误的态度，这些意象就本能地上升到文学家和预言家的梦与幻想的表层。

（三）集体无意识与文学作品

文学作品一度被当作个人性幻想下的产物，这种研究方法实质上代表一种机械的、僵化的批评模式，荣格反对仅仅从纯粹的医学角度来分析文学作品，他希望能够用更为恰当的方式来理解文学作品。因此，荣格把人们对文学的理解从人类自身引向更为广阔的自然空间。将文学艺术作品放置在一个深广的背景下来考察，这种批评方法的优点不仅仅在于把文学艺术引向心理学层面，更为重要的是它对人类精神和心灵的探索。把人类的心灵还原到一种原始状态，这种方法本身意味着将人类心灵与自然联系起来，因为人类的原始状态正是一种自然状态。

众所周知，集体无意识作为荣格分析心理学的核心理论，它的主要内容是原型。集体无意识这个词是相对于个体无意识而言的，个体无意识只是作为集体无意识的一种表征，个体无意识的存在本身是依附于集体无意识之上的。因此，在荣格的心理学体系当中，我们甚至可以认为个体无意识是集体无意识的一种表现形式，除此以外，集体无意识还应当有更为丰富的表现形式。荣格提出：集体无意识理论的目的在于揭示影响人类意识的更为深层的潜意识因素，首先它区别于弗洛伊德的个体无意识理论，将人类潜意识的普遍特征纳入进来，从而更具说服力。这一理论也阐释了人类潜意识当中用个体无意识理论难以解释的部分。其次，原型作为集体无意识的主要内容，也区别于单纯的性本能及其压抑理论，在此层面上，人类意识与原型之间的关系也要更为复杂。最后，原型是作为一种"典型"现象反复出现在人类记忆当中的，这也就解释了当某种原型出现时所引起的精神上的相似反应。

但是，无意识背景并不总是静止不动的，而是以其特有的对意识内容的影响来使自己显露出来。弗洛伊德归纳法的本质是收集所有指向无意识背景的线索，然后通过对这一材料的分析和解释来重构基本的本能的过程。那些给我们关于无意识背景线索的有意识的内容被弗洛伊德错误地称为象征。然而，真正的象征是一种不能用任何其他的或更好的方法来阐明的直觉思想的表现。如果我们用弗洛伊德的术语来解释柏拉图的隐喻，我们自然会发现：即使像柏拉图这样的思想家也依然停留在婴儿期性欲的原始阶段。但是，这种分析忽略了柏拉图真正从他的哲学思想的原始经历中创造出来的事物，只发现他和其他人一样都具有婴儿期性欲的幻觉。

在集体无意识理论层面，荣格希望能够将文学和艺术作品还原到一个更为初级的状态，这个状态并非弗洛伊德所指的性本能及其压抑的层面，而是一个民族、甚至是人类整体的原初的心理状态。他认为，通过这种还原，批评家可以找到影响文学艺术的更为深层的心理动机，并且更确切地理解文学艺术作品以及艺术家的创作活动。相比弗洛伊德的文艺心理研究而言，荣格的文艺心理学思想可以说是一种伟大的超越。

集体无意识理论是荣格心理学体系同文学之间联系的桥梁，包括二十世纪兴起的原型批评在内，集体无意识理论对文学艺术产生了深刻的影响。站在集体无意识的角度来理解文学和艺术现象，尤其是文学艺术作品中反映的人类精神问题，我们才能够更为清晰地看到人类精神的现状及其所面临的问题。无论是诗歌、童话、还是小说，都深受人类集体无意识的影响，反映了人类精神与集体无意识的关系。荣格相信，无论现代科技水平发达到何种地步，都无法掩盖目前人们在精神上的贫瘠，种种现代的精神病症都反映了寻找人类精神的迫切性。荣格希望通过对集体无意识的研究和探索，来找出解救人类精神危机的出路。他始终保有这样的愿望：人类的真正精神价值或许藏在业已成为经典的文学艺术作品当中，或许就在那些淳朴的古代神话和传说当中，或许是在为孩子们睡眠所准备的美丽的童话故事当中……

荣格认为，只有文学和艺术作品的受众感受到来自灵魂深处的共鸣时，人类才能摆脱精神上的空虚。于是我们可以这样认为：集体无意识理论实际上是荣格为了解救现代人精神危机所建构的理论。在集体无意识理论的这个层面上，荣格对人类精神的关注和探索超越了多数心理学家。同时，文学艺术被赋予了更多的精神内涵，荣格认为文学艺术是精神的一种自我表达，用集体无意识的理论来说，文学艺术就是人类集体无意识的表象，它以生动的、婉转的形象表达人类精神的真正内容。因而，集体无意识理论使得荣格的心理学研究超越了心理学作为一个单一学科的范畴，让心理学从对个体心理病症的研究扩展到对人类普遍精神病症的关注。同时，荣格相信，人类精神是受到自然精神影响的，所以，对人类灵魂与自然精神之间关系的关注是精神分析心理学不可缺少的。

第四节 分析心理学与文学类型

在荣格的心理学世界里，文学作品不仅仅是一个孤立的研究对象，就像自然界的某种生物那样，它不仅仅与脚下有限的泥土发生关系，它还跟周围的一切都有着密不可分的联系。通过周围的种种关系，它又同整个世界联系起来。因此文学作品的种种特性，是来自周围环境以及基因遗传的综合作用。在荣格的文学心理学中，文学艺术作品所呈现出的是一种有机的、整体性的特点，这种文艺观本身是符合现代生态思想的。从纵向层面来看，荣格将民族和历史纳入对文艺作品的理解方法，使得文学作品不再只成为一个孤立的现象，文学创作活动也不仅仅是个人化的、甚至是情绪化的行为，这种批评方法也体现了作品的精神状况和作家的创作心理同民族情感之间的联系。从横向来看，荣格将人类心灵放置在整个宇宙和自然的背景之下，使得人与世界之间的关系不再是相互独立、彼此分离的。

1930 年荣格发表《心理学与文学》一书，该书把文学作品分为两种：心理式和幻觉式。[1] 心理式的作品取材于人的意识领域，是人们理解范围之内的创作，例如，歌德的《浮士德》。荣格表示：心理学家对心理式的作品并不感兴趣，因为作家已经把一切都解释清楚了，不需要心理学家做进一步解读。心理学家对于幻觉式的作品比较感兴趣，如《浮士德》第二部、但丁的作品、瓦格纳的《尼伯龙根的戒指》等等。荣格在该书中还论述了那些来自集体无意识的作品所具有的作用，即著名的"平衡补偿说"理论。该理论认为：自从人类文化诞生以来，集体无意识的本质原型便已经埋藏到了人们内心深处。一旦我们到了动荡不安的时代、人类社会陷入严重的谬误时、集体无意识就被重新引领和唤醒，或者说被激活，并借助文学家，从他们的作品中显露出来，从而恢复时代和社会的心理平衡。

幻觉式的作品主要指的是一种来自集体无意识的创作，它一般被认为

---

1 荣格 . 心理学与文学 [M]. 北京：三联书店 ,1987：116.

是在人类的认知力范围之外的作品。荣格说："人们有时会不熟悉为艺术表现提供素材的经验，因为这是来自人类心灵深处的某种陌生的东西，它仿佛来自人类史前时代的深渊，又仿佛来自光明与黑暗对照的超人世界。这是一种超越了人类理解力的原始经验，这种经验的价值和力量来自它的无限强大，它从永恒的深渊中崛起，显得陌生、阴冷、多面、超凡、怪异。它是永恒的混沌中一个奇特的样本，用尼采的话来说，是对人类的背叛。它彻底粉碎了我们人类的价值标准和美学形式的标准。"[1] 由于幻觉式的作品并不是源于个人的经验，而是源于集体无意识，所以弗洛伊德的精神分析法并不能对其有效分析，且这类作品比心理式的作品要更深刻些。

（一）分析心理学与神话

迄今为止，最具影响力的神话心理学理论莫过于弗洛伊德和荣格的理论了。他们二人都认为，神话是无意识的显现，但他们关于无意识的本质的理解存在差异。弗洛伊德认为，无意识包含不被社会接受的内驱力，而这种内驱力已被转变为无意识；而荣格认为，它应该包含未充分发展的人格，而这种人格生来就是无意识的。由此，弗洛伊德和荣格对神话的功能也持有不同的看法。对弗洛伊德来说，神话的功能在于采用掩饰的间接的形式释放出无意识的内驱力；而荣格则认为，神话的功能在于使人发现自己的未知面。对二人来说，神话首先服务于个人，其次才服务于社会。

荣格的神话研究是其心理学中不可缺少的一部分。神话是集体无意识对原型意象象征表达的产物，所以它是一种普遍的自然现象。神话的表达及创造的念头不仅存在于古代人的心中，同样，现代人也有这种欲望，虽然他们尽可能去忽略或者抑制这种念想。人们如果有意识地拒绝集体无意识中的信息，可能会造成心灵上的分裂和失常。现代人需要神话来获得心灵上的完整，并在无意识和意识间保持平衡。极少有理论尝试回答有关神话的三个主要问题，即神话的本源、功能和主题，但这三个问题荣格学派都涉及了。荣格试图解释神话兴起和延续的手段，而不只是单单指出神话所服务的需求。然后，荣格运用丰富的专业术语，将明显的主题，比如神灵、英雄人物、整个世界等都诠释成集体无意识的渴望和内容。

1　荣格. 心理学与文学 [M]. 北京：三联书店,1987：121.

荣格相信神话是一种反映心灵本性的心理现象。作为心理现象，神话就需要心理学解释。原始人创造神话不是为了以寓言的形式解释自然演化。在原始人的无意识中，有种不可避免的力量将外在经验吸收到内在心理，他们是通过投射给予无意识以象征性表达。与现代人相比，原始人的意识范围窄，密度也较低。原始人处于前意识状态，他们不会用意识去思考，而是思想自动浮现。所以，荣格说："原始心灵并没有创造神话，而是体验神话"。神话是无意识心理的根本反映，是无意识心理经验的非自主呈现，具有自然进化的寓言。无论如何，神话都有重要意义，因为它们是组成原始部落心灵生活的一部分，当这部分遗失了神话传统，部落就开始解体。

（1）神话与集体无意识

荣格运用神话方面的知识完成的第一本书是《转化的象征》。在这本书中，荣格并没有用集体无意识这个术语，但他始终认为无意识作为一类特指事物具有重要意义。[1]他认为"大多数人在个人无意识层面上差别较大，但在集体无意识心理层面上较接近"。[2]荣格在这本书第二版的序言中大量引用了神话素材，他说这样做的目的不是提供一种普适的神话理论，而只是因为"创造性幻想吸取了人们脑中长久以来遗忘、尘封的原始心理及其意象，而这些意象恰巧存在于所有年代和所有人的神话中"。[3]他接着说，所有这些意象组成了集体无意识，并潜藏在各个地方的所有人中。这就能解释为什么神话意象能自发地再三流露。这种情况适合于每个人，存在于地球的每一个角落，也存在于每一个时代。

事实上，荣格的集体无意识假说的基础与现代人所不熟悉的古代神话之间有紧密联系。个人无意识源于个人的经历，但集体无意识并不只是个人的事情，它是在史前人类形成的。荣格将人类的心理和身体发展做了类比，他认为，无论从心理学上还是生物学上来看，物种进化个体重演的原理是正确的。他经常提到集体无意识的内容，他关于集体无意识最精辟的定义

1 荣格.转化的象征[M].北京：国际文化出版公司,2011:164.

2 罗恩.从弗洛伊德到荣格：无意识心理学比较研究[M].北京：中国国际广播出版社,1989:54.

3 荣格.转化的象征[M].北京：国际文化出版公司,2011:32.

是"这是由遗传的力量形成的某种心理天性"。[1]无意识先于意识产生，并演化出意识，它比意识更原始。当现代人的自我意识控制削弱，达到与原始人相似的状态，集体无意识就会在梦或幻想中出现。

（2）神话与原型

原型分为两大类，一类与情境有关，另一类与意象有关。荣格很少论及原型情境，也许因为这种类型涉及的情境很多，只受限于生活中可能的典型情境数量。所以荣格要关注的是原型意象，荣格举出六个重要的类别：阴影、阿尼玛－阿尼姆斯、母亲、儿童、少女和智慧老人。这些拟人化的原型都有正反两方面，所以既能帮助他人也可能造成伤害。这些原型一次次地出现在神话、梦境、幻想和幻象中。他们之间相互渗透，所以无法分割，而且也不能简化成单一的样式。

荣格将集体无意识的内容称作原型，更确切地说，荣格把原型视为意象的决定因素。实际的意象或者表象都无法继承，只有形成原型，意象才有可能流传下来。在特定的原型中，存在多种意象。原型成为思想中可意识到的一部分，有外因也有内因。原型是自发的，有时非常冲动。原型具有神圣性，也就是说，它们是神秘的或者是令人敬畏的。原型来自未知的世界，它的意义很难解释。但是无论原型意味着什么，它们都有强大能量。既然原型无法完全成为无意识的思想，那么它们就必须以神话、意象或象征来表达。因此，神话就是原型的心理聚合物。为了说明原型这一概念，荣格最初使用"原始意象"这一术语。与原型近似的术语还有比较神话中的"母题"和列维·布留尔的"集体表象"。所有这些与神话就如同部分之于整体的关系。当然荣格用自己的理解阐述了这些概念中最基本的意义，传统的神话就在某个时间点定型，它与现代神话都有相同根源的集体无意识。

因此，现代人需要神话来保持心理的完整性与平衡。原始人的问题是如何扩展他们的意识，而现代人的问题则是如何与集体无意识保持联系。

虽然说神话是荣格心理学中不可缺少的部分，但他没有将心理学原理公式化。神话几乎是从一开始就出现在他的分析中，不仅是因为他的理论与神话相关才值得讨论，更是因为神话非常接近荣格心理学的核心。荣格

1　荣格．心理学与文学 [M]．北京：三联书店，1987.190：201.

把人类历史比作自性化的过程，神话深深地包含在他的心理观以及自性化概念中。由于心理的复杂结构，荣格尝试解析集体无意识中神话的起源、普遍性以及它从原型中生成的影响力，还有它介于意识和无意识之间调和矛盾的作用。神话常有整合治疗的功效，或者通过补偿，它们可以平衡矛盾双方的紧张关系。荣格认为矛盾对于认知和产生心理能量实属必要，但必须通过神话象征把握，这样才不会造成心理的分裂。总之，荣格的辩证法首先是要区别矛盾，接下来通过象征将其调和。荣格对神话研究的贡献在于其心理学洞察力，他对于基本问题的解答提升了神话研究，同时表述了自己的心理学神话理论。

（二）分析心理学与小说

荣格认为：在小说中，明显不含心理分析目的的故事往往是心理学家最感兴趣的内容。这样的故事建立在不言而喻的心理假设背景之上，作家越是意识不到这些心理假设，这个背景就越是能在有辨识能力的目光前以纯粹的方式展示自己。作者无意去进行心理分析，他也没有通过心理分析来展现他所描写的人物，因此为分析和解释留下了空间，甚至可以说，是作者毫无偏见的表述模式为心理学家进行分析和解释提供了空间。

在读者阅读小说时，小说主人公的所见所感，与任何一个普通人在其日常生活中的经历并无差别，但是在读完小说主人公的见闻之后，我们却在内心深处感到或是从未有过的孤独，或是强烈压抑的心情，或是抑制不住的喜悦。小说就像一本由无数个标题所组成的联合体，它只用客观的态度讲述生命，却不加任何感情色彩，但是它却能够引起每一个读者内心深处的波澜，就像每一个人用自己的经验一同完成这部小说一样。很多情况下，小说的冷漠，更像是一种象征，象征着逐渐走向精神贫瘠的人类，人们在精神生活中驱逐了神话和想象力，却用空虚和人格分裂填补了它们的位置。因而，荣格认为：在集体情结影响下，人的灵魂并没有比原始人类更加充实。

荣格曾写过一篇名为《〈尤利西斯〉：一篇独白》的文章，分析小说《尤利西斯》背后藏着的一整个世界的人类的灵魂，荣格把他的心理分析理论"个体无意识"落实到了该文的编撰中。《尤利西斯》是詹姆士·乔伊斯的长篇小说，讲述了三个都柏林人一天中从早晨八点到次日凌晨两点之间的活动。小说涉及政治、历史、心理学、哲学等。此篇是荣格读《尤利西斯》后所写，可以说是他的一种自我表白。正像荣格向乔伊斯所提的问题："您意识到了您是一种现象、一个思想、也许一个尤利西斯的情结了吗？您意识到尤利西斯就像一个百眼巨人站在您的附近，为您想出了一个世界与一个反世界，把它们装满各种各样的物体，没有这些物体你就绝不会意识到您自己的自我？"[1]

《尤利西斯》一文中的尤利西斯对应的是罗马神话里面的一个英雄，是希腊西部的一个国王，就是他的木马计攻陷了特洛伊。荣格运用他的分析心理学理论去解读这篇文学作品。"愤怒是因为你还没有看清背后藏匿的事物。"[2]在工作或生活中会出现这种情绪，是因为对一些未知的事物内心焦虑，从而引发了愤怒。《尤利西斯》这本书翻译了十多个版本，荣格认为这本书只是无休止地重复，无穷无尽地向时间推进的这么一个过程，认为在艺术表现中不一定是一个连续的艺术呈现，可能是某一个片断，像电影分帧一样的集合。站在集体无意识的神秘城堡之上，每一个人都怀有同样的情结，他们在白天重复着尤利西斯的生活，并且在晚上重复着同他一样的梦。以尤利西斯情结为例，我们不仅看到了荣格情结理论与人类集体无意识之间的关系，还看到了在人类集体无意识之外的更为广阔的精神力。此外，许多文学艺术家的逃避情结也与此相对应，逃避情结既是对尤利西斯情结的对抗，同时这也是那些在精神上有更高追求的人为了疗救人类精神病症而做出的努力。

（三）分析心理学与诗歌

荣格认为，艺术就其特质而言并非科学，科学在本质上亦不同于艺术，所有这些心灵的领域都贮存着某种具有其特殊性的东西，并只能依据它们自身得到阐释。当我们讨论心理学与诗的关系，我们只能论述艺术适宜于心理学考察的方面。荣格认为，诗歌创造力也是一种精神现象，所以心理学家也可以来考察它。但考察时不会踏足文学家和美学家的研究领域，因

1　荣格．人、艺术与文学中的精神 [M]．北京：国际文化出版公司，2011：137.

2　荣格．人、艺术与文学中的精神 [M]．北京：国际文化出版公司，2011：150.

而荣格对诗歌的分析并不涉及完整的诗歌创作理论，只用心理学的观点来分析。对诗歌创作者个性心理的研究可以解释其作品的许多方面，但是却不能解释作品本身。例如，如果我们对于歌德和他的两位母亲之间的亲密关系有深入认识和充分了解，有可能会极大地帮助我们理解浮士德的大声呐喊："母亲们，母亲们，这声音听起来多么奇怪啊！"然而，即便是我们从他的这部作品中所透露的这些线索中可以深刻地感觉到歌德对于母亲的依恋，但是我们还是无法真正地了解这一份依恋究竟是源于怎样根基，是什么力量能够真正产生出像《浮士德》一样的作品。

1922 年 5 月，荣格在苏黎世为德国现代语言与历史文学艺术协会作了一份重要学术报告。《论分析心理学与诗的关系》这篇文章就是在报告基础上整理出来的，是荣格把其分析心理学理论运用于诗歌研究的代表作。这样一篇文章首先明确地指出了用心理学角度来进行文学研究是可能的，荣格称："艺术实践本身就是一种心理活动，因而可以从心理学角度去研究。由此看来，艺术同出于心理动机的其他人类活动一样，对心理学来说是理所当然的课题。"[1]但荣格同时指出这种研究有一定的界限，弗洛伊德学派研究文学时超出了界限，其错误正在于此。荣格丰富发展了弗洛伊德的精神分析学说，但二者有很大不同：一是关于"力比多"实质的问题。弗洛伊德主要把"力比多"理解为性，荣格则把它看作普遍的生命力，性爱只是其中的一部分。二是对无意识结构的不同理解。弗洛伊德认为无意识主要是个人童年生活中受压抑的性本能欲望，而荣格则认为，弗洛伊德只发现了属于表层的"个人无意识"，但这种个人无意识还有赖于更深一层的、由先天或者说由遗传得来的"集体无意识"。荣格在谈到意识与无意识时，就集体无意识作如下说明："此外，还有另一类内容，它的起源无从知道，或者无论如何不能把它的来源归结为个人获得物。这些内容有一个突出的特点，那就是它们的神话特征。这些内容似乎并不只属于任何个体心灵或个体人物，而毋宁属于一般人类的模式，它们具有一种集体的性质。它所表现的，是有意识的心灵沉潜到无意识深层次这一内向心理机制。非个人

1　荣格，侯国良，顾闻. 分析心理学与诗的艺术 [J]. 文艺理论研究，1986(5)：72-80.

的心理内容、神话特征，或者换言之称之为原型，正是来自这些深层无意识，我把它们叫做非个人的无意识或集体无意识。与集体无意识紧密相连的一个概念是原型，因为原型是集体无意识的主要内容。"[1] 然后，荣格又从另一方面阐述他的看法，他认为文学作品与作家的私人生活没有关系。他把文学创作分为两种：一种是整个创作过程都在作家的掌控之中，所有的环节都按作家的意图有条不紊地进行；另一种是作家完全无法控制的创作过程，他只是一个被动的工具。荣格说，前一种就是席勒所说的"感伤的"，荣格自己把它称作"内倾的"，后一种则是席勒所说的"朴素的"，荣格把它称作"外倾的"。席勒的剧作和大部分诗属于前一种，《浮士德》的第二部和尼采的《查拉图斯特拉如是说》属于后一种。荣格认为后一种创作才是伟大的，因为它是集体无意识支配下的创作。正是由于集体无意识的作用，作家才变得手足无措，被一种不可抗拒的强力所操纵，自己都不知道将会写出什么样的作品来。荣格认为，这时作家已不再是个人，而是全体，整个人类的声音在我们心中回响。由于这类作品体现了集体无意识，所以"它道出了一千个人的声音，可以使人心醉神迷，为之倾倒"。荣格认为，这类作品的伟大，就在于"他把他正在寻求表达的思想从偶然和短暂提升到永恒的王国之中。他把个人的命运纳入人类的命运，并在我们身上唤起那些时时激励着人类摆脱危险、熬过漫漫长夜的亲切的力量"。[2] 由于这类作品体现了集体无意识的内容，所以它们常常超出一般人的理解能力，往往在很长一段时间里都受到了冷落。当人们的意识发展到了一个更高水平的时候，它们才被重新发现。最后，荣格肯定地说，伟大艺术的奥秘在于：它的创作过程是某一集体无意识的原型被激活的过程。

从以上所述可以看出，当人们谈到不是作为个人的诗人，而是作为使他冲动的创作过程的诗人时，心理学的观点发生了转变。兴趣从前者移到了后者，因为诗人仅仅作为反应的主体而引起注意。在第二类作品中这一点更为明显，诗人的意识在那里并不融合于创作过程。但在第一类作品中情况则相反，其中诗人就是创作活动本身，可以毫无强迫之感地自由创造。

1　荣格, 成穷, 王作虹. 分析心理学的理论与实践 [M]. 北京：北京联合出版公司, 2013：38.

2　叶舒宪. 神话原型批评 (M). 西安：陕西师大出版社, 1987：101.

他甚至能完全意识到自己的活动自由，深信他的创作只是他的意志和能力的表现。

这里我们遇到的不是一个按照诗人的表达能解答的问题，而只有心理学才能解答的问题。如上文提到的那样，很可能诗人在进行明显的自我创造，产生出他意识中所向往的东西时，他会因创作冲动而忘其所以，根本不知道还有另一个意志存在，正好像诗人完全受控于其他力量，而不知道他自己的意志在对他说话一样，但这实际上就是他自己的心声。研究表明，意识会受到无意识的影响；实际上，意识受无意识制约的方式也是多种多样的，我们可以通过直接和间接的两种方式证明。直接的证明是诗人知道他所表达的内容，但实际上表达出来的东西却超出了他的意识。这种情况很常见。间接的证明是，在诗人的明显的自觉意志背后，有一种更高的需要，当诗人自愿中止创作活动时它就重新发出其强制性的指令，或者在他的创作不由自主地中断时产生心理混乱。

（四）分析心理学与童话

作为学生，荣格对弗洛伊德的力比多观点始终持保留态度。两人分裂后，荣格从自己的心理能量观出发，义无反顾地投入到对力比多的研究之中。他不久提出了与弗洛伊德相左的观点，而且对后者的某些理论阐述作了必要的修正。荣格认为力比多不只是性欲本能的代称，而是中性的个人身心能量。这种能量便是我们进行艺术创造的根本驱动力，这种驱力总是以象征形式，通过神话、民间传说、童话等表现出来，是一切艺术创作的永恒母题。后来，荣格又进一步提出了力比多的集体无意识论这一学说，他将力比多的形态变形同集体无意识的存在统一起来，同时也将自己的研究领域由精神医学的个别病例扩展到以神话和民间文学为代表的人类学领域。在荣格的学说中，原始的意象或者原型作为一种集体无意识的结构形式，不仅仅是由那些受到抑制和被遗忘的心理素材组合而构成。它们处于更高级的状态。它们在人类各种信仰中都表现得十分明显，同时，也会自动地出现在某类文学作品中。它们的生命力和存在便是给艺术、文学等领域提供了根本的写作主题。

在荣格那里，神话的原型含义是从心理学方面提出的。他指出，人们在试图解释神话的时候会忽略其心理活动，这种忽略往往是不自觉的。人们通常意识不到无意识的心理活动，而这一心理活动包含了产生神话的全部意象。由于原始人用比拟类推的方式认识和解释自然，所以人类的认知过程是无意识的。原始人并不是发明神话，而是体验神话。荣格说："神话是无意识心理的最初显现，是对无意识心理事件的不自觉的陈述"。这样，荣格便从无意识心理学角度对神话学家和批评学家众说纷纭的难题，包括神话故事、文学形象和主题类型等提供了一种全新的解释。这种解释阐明了为什么在时空上彼此隔绝、各自相对独立发展的文化中会产生出许多十分类似的神话。

事实上，神话乃是文学构思的一个极端，另一个极端则是自然主义，二者之间则是整个传奇文学。传奇文学一方面使神话朝着人的方向置换变形，另一方面又不同于"现实主义"，而是朝着理想化的方向使内容程式化。置换变形的中心原则在于：神话中可以用隐喻表达的东西，在传奇文学中只能用某种明喻的形式来表达，如比拟、意义联想、偶然的附带意象等等。比如，神话中可能有太阳神或树神，在传奇文学中则可能是一个与太阳神或树神密切相关的人。在更加写实的样式中，这一关系不再那么密切，却愈加是一个易发生的，甚至是巧合的或偶然的意象。例如，在圣乔治和波修士一家屠龙的传说中，有一个年老昏弱的国王被巨龙扰得国无宁日，这条龙后来竟要索取国王的女儿，但终为英雄所杀。这似乎是对一个关于英雄使荒原恢复生命的神话作了传奇式的比拟。在这个神话中，龙和国王皆可以找到，事实上，我们可以把这个神话进一步迁移到俄狄浦斯故事中。在俄狄浦斯中，英雄不再是老国王的女婿，而是他的儿子，那个得救的女子则是英雄的母亲。假如这个故事纯属个人的梦幻，那么上述发现是无可非议的。但要使它成为一个真实可信的、艺术上和谐、道德上可以接受的故事，就需要对它加以很大程度的置换变形。只有对已经产生的故事类型进行一番比较研究，其中的隐喻结构才能显示出来。

神话与抽象文学之间的亲缘关系可以阐明小说的许多方面，尤其是那些更为流行的小说。这些小说的真实性使人相信其事件的真实，其浪漫性亦足以使人视之为精心构想出来的好故事。故事开头引入的吉凶预兆，即让整个故事成为某种预言的实现这样一种手法便是一例，这种手法在其实现的计划中暗示出一种不可避免的命运，或冥冥之中的全能的意志。这实际上是一种纯文学的构思，使作品首尾连贯。那必然实现的意志就是作者本人的意志。

这样，我们就有了文学上的三种神话结构和原型象征。首先是未经置换变形的神话，一般描写神明或恶魔，他们一般出现在两个对立的整体隐喻性的世界里，一个是理想世界，另一个是非理想世界。我们把这两种隐喻的结构分别称为启示的结构和魔幻的结构。其次是第二种创作倾向，我们称之为传奇结构。它显示出各种不明显的神话模式，讲述一个与人类经验关系更加密切的世界。第三种倾向是现实主义结构，它强调内容和表现而不强调故事的外在形式。

神话受到起源地的影响，例如中国、印度与希腊的神话，明显映照出族群创造发展的文化与历史痕迹，而童话相对是自发的、天真的、没有计划的自然心灵产物，被特定文化历史沾染的痕迹较少。此外，与神话相比，童话精简短小许多，以最简单的形式描述集体心灵类单细胞般的样貌，也就是所谓的原型。我们重返童话所看重的正是这条简单、重复、古老与神秘的心灵之路，借此途径，开启一扇集体无意识的原型之门，在其中学习象征的能力，以便与自己内在无意识、那个古老的世界再度相遇。

（1）荣格与童话分析

荣格提出集体无意识的心理学理论，把我们对心灵的视野从自己可以觉察的意识自我中脱离出来。荣格认为，人类有多少种现象，世间就有多少种原型，换言之，每种生命现象都是一种原型。原型就是集体无意识的结构，它深埋在各种心灵的活动中，意识很难直接捕捉。原型通常只能从行为、图像、艺术、信仰、梦或神话与童话中窥见一斑。如果个人内在并没有足够强大的心灵结构可以涵容，给予原型适度的理解与判断，强大的原型有时会让个人陷入无自我、非理性的混乱与狂热中，这就像我们描述的自我被原型掳获，成为非我的原型工具。尽管原型多种多样，在荣格心理学中，常被讨论的主要原型意象有：自性、阿尼玛、阿尼姆斯、阴影、父亲、母亲、老者、孩子、国王、王后、法师等。原型的故事拥有不停地被演绎的可能性，所以可以跨越时间与文化，触碰不同的心灵，这些故事对现代人而言也有同样的特质，在每一次的阅读中总是可以再看到新的可能，被呈现出来的只是非常有限的诠释，童话读者可以将这些观点视为一种演示，作为我们亲近人类原型心灵世界的一个开始。

荣格认为，人类心灵的发展动力是有意向性的，它发展的目的是要成为一个完整、独特又真实的自己。每一个人由于特定的生命历程而去面对属于自己独特的挑战。例如，在女性发展的历程里，与他人的关系是女性发展的决定因素，也在成人后成为内在的动力与阻力，其中最核心的有与母亲、父亲的关系，有自我过分认同与抗拒认同父母的议题，以及延伸至女性内在阴性能量与阳性能量的平衡议题。

为此，荣格还写了一篇关于解释童话的文章——《童话中的精神现象学》。这篇文章是荣格对一个明确的集体无意识精神原型的解释。荣格如何看待童话，如何解读和分析童话，如何在童话中表现出他的精神现象学，成为我们关注的焦点。这篇文章共分为六个部分。[1]

第一部分是关于精神的意义。荣格首先从心理上、语言上、心理学家冯特的角度和古代炼金术士的角度列出了精神这个词的不同含义。我们主要关心的是精神的官能情节。在原始层面，精神被感知为一种无形的、有呼吸的存在，体现为一种原始的心理活动。当这种原始的心态不属于个人的时候，它就变成了他人的精神。它符合大众思想和时代精神，或者在荣格看来，是原创的，非个人的。接着荣格对"精神"做了进一步的描述：首先是精神的动力原理。精神不仅包含占据内在视野的晦涩表象，还包含对复杂图像进行组织整理的思考和推理。精神的标志首先是自发运动和行为的原则；其次，精神具有不依赖感知而自发产生图像的能力，并且具有自主控制这些图像的能力。因此，不是人创造精神，而是精神赋予个人创造性。同时，精神也有它的客观性。虽然我们普遍认为精神是非物质的，实在性总是与物质联系在一起的，但荣格质疑对"物质"的理解，坚持精神的物质性概念。

第二部分是梦中精神的自我表现。荣格最关心的是精神的心理表现，

1　蒋乡慧．荣格的童话精神现象学解读 [J]. 湖北经济学院学报（人文社会科学版），2015（12）：99-101.

在他看来这是最真实的表现。只有在心理表现上，精神才能表现出他们具有"原型"的属性。在荣格看来，精神现象依赖于一种自主的原始意象的存在，这种意象一般出现在人类心理结构的潜意识中。这里原型的概念是这个集体无意识中图像的集合。荣格还称它们为明确的、无意识的图像、虚构的或原始的意象。荣格认为，我们最常接触到的概念仍然是原型。所谓原型，就是通过特定的方法来体验事物的先天倾向。原型本身没有自己的形式，但它的行为就像我们所看到的，即所谓的"组织原则"。荣格倾向于使用直观原则来掌握原型。

　　第三部分是童话中的精神。为了避免梦境的特殊性和纷繁复杂的个人性，荣格选择用童话和民间传说来考察精神主题的变化。在这一部分，荣格通过分析得出结论，精神原型在童话故事中表现为长者，总是引导处于绝境中的英雄。英雄无法自己突破困境，需要外界的帮助。这背后反映的是外在超个体的精神功能或某种内在精神的自主性。荣格分析了《芬兰和爱沙尼亚民间童话》《西班牙和葡萄牙民间童话》《俄罗斯民间童话》《伊朗童话》《高加索童话》《巴尔干童话》《自那以后的德国童话》格林等许多童话都说明了老年人这种精神与智慧的结合。他分析了老人的助人模式、劝说方式、挑错方式、老人在潜意识中的侏儒形象及其合乎逻辑的内在原因。荣格提出，侏儒的矮小形象并不是因为它体积小，方便进入大脑，而是矮小和强大的辩证法。

　　在第四部分，荣格开始关注童话原型中的动物形态。在荣格看来，动物形态的原型研究非常重要，因为神与恶魔具有相同的心理意义。动物形态表明其内容和机制仍处于超人领域，即存在于人类意识之外的载体上

　　第五部分增补是对第四部分童话解读的继续挖掘，第六部分是结论。

　　荣格的这部《童话中的精神现象学》有几个特点：首先是内容和方法上的创新。荣格追求一种超个体的、无形的"精神"，实际上体现在心理无意识的内容上；同时，荣格在分析中运用词源、画线等手法，将这种"精神"挖掘并显露出来。这种"精神"原型的预设，是诠释荣格童话的最大预设。荣格对童话的诠释也有一套完整的理论体系。其次，荣格重视童话在表现精神现象方面的特殊作用。在荣格看来，童话，尤其是原始童话，与神话是

同一主题。童话、神话和传说中的精神也会表现出来。在自然语境中，原型的相互作用被表述为"永恒精神的形成、转化，即永恒的创造"。原始朴素的民间童话、神话传说，因其原始性，记录传达的精神可作为精神的自我表达；因为它们被记录和传播，避免了个人变化因素，集体无意识的内容可以被体现出来。如前所述，作为原型的精神通过集体无意识表现出来。作为一种精神，童话是自发、天真、朴实的产物，可以很好地反映精神的真实本性。再次，运用"意识—集体无意识"的机制，我们可以将童话的解读集中在一些日常童话阅读无法注意到的细节上来。比如在《树上公主》这篇童话中，荣格就分析了马腿的变化。我们在常理上是看不出来马腿变化的影响，因为一匹马通常有四条腿，受伤和运动的底线是三条腿。如果两条腿被咬伤，它们将无法行动了。按照常理，三足马或四足马都没有什么问题。但是无意识之所以是无意识，是因为它无法从意识的层面感知到它。童话里为什么强调四条腿咬成三条腿的细节，确实是一个有想象空间却无法解释清楚的细节，又具有"显明—潜在"的双重结构，这就为荣格的"意识—无意识"这种机制留下了空间。当然，不得不说，欧洲古典文学留下的数字文化传统和大量符号资源，为这种解读留下了丰富的素材。这些素材使得以上的联想解释似乎离文本不远，又使得古代童话几乎没有异议地获得了一种新的普遍的非文学性解释。

荣格非常重视分析师的个人素质和培养。强调分析者必须深深沉浸在人类历史积累的文学、艺术、神话、宗教等资产中，并通过共同的文明传承，才能对灵魂和无意识有更深的理解，超越个人的局限，更深入地探索灵魂。每个人都可以有不同的关注点和视角来处理无意识的材料。我们必要以开放的、不评判对错的态度去分析它。

（2）冯·法兰兹与童话分析

在荣格之后，由冯·法兰兹开展的童话分析，是古典荣格学派十分重视的认识集体无意识的途径。冯·法兰兹的分析遵循荣格的风格与方式。特别看重集体无意识这个区块，要求分析师在养成过程中亲近文学、艺术、神话、宗教这些人类历史所累积的资产，并在其中透彻浸润，这样才能完整地认识个人潜意识与心灵的结构。这样的分析取向与后来临床治疗取向颇为不同，因而被称为荣格心理学的"古典学派"。

　　冯·法兰兹是古典学派最重要的精神导师，她认为唯有靠近艺术、童话等这些来自人类意识底层的创造，我们才能接触到自己生命被推动的原型力量，这是完成自我整合极其重要的路径。她写在代表作《解读童话》里的开场白至今仍是童话分析的经典定义："童话是集体无意识心灵历程中最纯粹且简明的表现方式，因此，在无意识的科学验证工作中，童话的价值远超过其他的素材；童话以最简要、最坦诚开放且最简练的形式代表原型"。[1] 在这种纯粹的形式中，原型意象提供给我们最佳的线索，以了解集体心灵所经历的历程。如果说梦是通往个人无意识的大道，童话则是通往集体无意识之路。在意识狭窄的现代视野中，童话就是森林、河流、小动物以及可预期的人物关系。然而，正是这些可预期的形式与元素，得以跨越时间、地域与文化，传递着人类的共同秘密。口耳相传的童话，经过无数的淬炼，保留下来的是最简洁的原型表现。现今，我们在探索心灵奥秘的旅途上，比以往更容易迷失，例如，许多时候人们以为掌握了个人意义，其实是深陷各种原型的表现中而不自觉。做自己的呼声如果无法搭配关于自我的真知，那么所坚持的可能是假的自我，所谓理直气壮地做自己，不过是让假的自我更顽固，被原型掳获得更为彻底。在自性化的历程中，认识原型及其对个人的影响，是不可忽略的。敏锐而感性的童话分析不只是显微镜下真实的心灵，也呈现了人性惯常使用的各种透镜与滤镜。

　　冯·法兰兹作为荣格的学生，继承和发展到了荣格的童话分析。他认为，对于经典童话的分析细腻而开放，可以借此认识生命各种主题、角色、关系的原型。情结是心灵的另一种结构，其中聚存了我们个人生命的历史，这些个人的历史档案以不同的主题被归纳在一起。像是母亲情结就保存了我们生活中与许多重要的母性人物和经验，大部分人的母亲情结是以自己的母亲作为情结的核心、围绕的是其生命中出现过的母性人物。情结之中不只有个人与家庭记忆，更重要的是储存了相关的情感，它们会影响我们的情绪、行为与人际互动。每个情结的核心都有一幅原型图像，透过情结就成为我们觉察原型的一条路径，当原型浮升，显现出来的重要线索就是

1　冯·法兰兹解读童话：遇见心灵深处的智慧与秘密 (M). 心灵工坊. 2016.

情结。当情结被引动时，我们会感觉情绪波动、不可自抑，身体充满各式各样的感受，愤怒、悲伤都变得无法控制。荣格提到将情绪转化为意象，并挖掘出这些意象在个人历史中的遗迹，可以使我们从向外寻找生命无法安适的理由，转而聚焦于内在意象，是一种有强大效力的治疗方法。这个认识情结及其背后原型的治疗方法，荣格曾亲身体验过，在自传中，他说："只要我得以把各种情绪变成意象，也就是说找到隐藏在情绪之中的意象后，我就能再次平静安心。倘若让这些意象继续藏在情绪背后，我可能已经被他们撕碎。……从我个人的实验结果，以及从治疗的角度来看，找到情绪背后的特定意象是极有帮助的。"[1]

（3）童话分析的基本架构

第一，童话分析要从童话的结构来解读。童话故事通常从某个困境开始，之后出现解决问题的方法，接下来是解决问题的过程，过程中必然有跨越，跨越代表进入不同的世界，然后有遭遇，遭遇带来搏斗，最后的胜利则带出结尾的欢庆。童话分析也是如此：首先，故事的开场就是人类共同面临的某种困境及某种原型的呈现；其次，童话的主角代表了人类面对与处理这个困境的态度，童话的情节则是以图像与意象来呈现精神世界一连串的转折。我们的工作是解码，拆解这些图像和意象，尝试了解隐藏在它们背后的心理语言与象征意涵。通过这样的分析方法，一方面，我们学会原来可以这样阅读童话；另一方面，童话的图像、意象，以及它们所象征的意涵可以返回并丰富我们所在的现实世界。在一个纯然物质与理性的世界里，象征很难存活，苹果就是苹果，金钱就是金钱。但苹果和金钱可能有不同的象征意义问题，它触及爱情与死亡，展现出爱情原型的绝对性与独占性，所以不管是发问者或被问者都必须以象征响应。靠近童话、分析童话，会让我们熟悉图像与意象之中象征的意义，这些美的、丑的、可爱的、可怕的心灵意象将能够重新回到我们的现代生活，事物不再只有一对一的、物质性的僵化对应，而是可以为平凡生活增加深度与厚度，增添些许曲折、美感、惊喜、弹性与了悟。

第二，童话分析要分三个阶段具体实施。冯·法兰兹引用荣格的观点

1　荣格．荣格自传：回忆·梦·思考[M]．沈阳：辽宁出版社，1988：

发展出童话分析的三个步骤，一旦熟练，也可以用来与梦一起工作。第一个阶段是分析故事脉络，第二个阶段是扩大与比较，第三个阶段是把象征语言转换成心理语言。

第一阶段：分析故事脉络。无论是童话、神话或者是梦的分析，工作方法都是从文学领域借来的，要理清脉络、理解意涵，可用以下四个步骤逐一检视。第一步，故事的名字。故事的名字很重要，比方说，《灰姑娘》是我们熟知的中文意译，原本的故事名字叫作 Cinderella，这个单词在英文里是指"未被认可的特质"，以 Cinderella 为故事命名，一定有其道理。接着要问的是故事发生的时间、地点，是早晨的森林、傍晚的城堡、春日的田野，还是冬日的花园⋯⋯确认了开始时的情境，就比较容易辨认原型。

第二阶段：分析主角。分析主要角色和次要角色的出场时间顺序等。如《白雪公主》有很多版本，其中一个从下雪之日开始说起。话说怀孕的皇后正坐在窗边缝衣，一不小心，手被针刺伤，一滴血落在雪地上，于是她说："我希望我的女儿皮肤像雪那样白，嘴唇像血那样红"。孩子出生后，皇后就把她叫作白雪公主，首先，这个版本中妈妈与女儿开场，这个设定明显少了爸爸，所以"爸爸的缺席"可能就是问题所在与故事走向。其次，我们也可以从主角的性别来辨认特定的童话故事想要处理的心理问题，判断它是一个阳性能量还是阴性能量受阻和发展的故事。比如，《格林童话》有三百多个故事，每个故事都可以从不同的角色切入，然后据此找到不同的答案。拿到一个童话故事之后，我们必须确定主角是谁，因为之后的分析会紧紧跟随着这个决定。

第三阶段：故事的走向、挑战、关键、重复意象是什么。《灰姑娘》是一个发展内在女性能量的故事。作为主角的灰姑娘代表了心灵结构的自我，被迫启程寻找完整的自己。在过程中与自我情结、阴影、阿尼玛和阿尼姆斯相遇，走到故事结尾，代表精神世界已从匮乏走到完整，从欠缺走到圆满。童话的结构通常不复杂，方便我们捕捉重要的和重复的意象，并理解它们所代表的象征意义。马、天鹅、乌鸦这些动物，金苹果、红武士、黑头发的颜色，森林、塔楼、磨坊这些场景，经常重复出现在不同的童话里。当意象重复出现时，意味着它们所代表的集体的象征意义很重要。相近文化对于象征可能有类似的理解，但有些理解可能无法跨越文化的疆界，进行童话分析时，这件事也需要被纳入考虑范围。

第四阶段：分析文化赋予数字的意涵。因为数字不仅代表数量，也携带质量。在我们的文化里，八有"发"的丰富意涵，六则有"顺"的象征意义；在西方传统中，1，3，4，12 这些数字也各自有其象征的意思，例如，"4"就是一个神圣数字，代表了"完整"。所以，对重复出现的数字我们也要注意它可能的隐藏信息。

第五阶段：扩大与比较。扩大法是通过搜集大量平行对应的素材来扩展解读的范围，考量类似的故事是否也出现在其他的地区或文化中；类似的情节是否也出现在其他的童话里。打开故事与故事之间的大门，开始彼此联结，就是扩大。我们不只寻找不同文化的相似故事，确认集体心灵的共享特质，如果可以再进一步，比较类似故事的差异，则会带出对于象征更丰富的理解。比方说，童话里经常出现一间不准任何人进入的房间，一旦下禁令不让故事主角进入，就注定了这位主角一定会进入这个禁忌的房间。每当我们找到通则，就找到了原型。然而，对于每一个人，这个禁忌的房间究竟代表什么？我们非得走进去、非发现不可的又是什么呢？这些问题也值得一再深入探究。

第三，利用"联想"与"扩大"的分析方法，对童话进行深层次的解读。把童话中的场景、故事内容、人物抽取出来，进行"联想"，这是童话分析的重要工作，也与梦的分析类似。这种"联想"与"扩大"的工作方法，可以协助个人理解自己的潜意识内容，我们将梦与幻想的意象借由联想法演绎、扩大，借此理解其中的心理信息，让我们对自己所处的生命境况有更丰富的看法。这里我们对人类心灵预设了一个假说，认为人的内在有一个核心，即自性。它对每一个独特生命的发展有独特的意图，而借由潜意识的意象和象征的语言与自我对话，它们的出现是有目的性、有意义的。个人的梦是如此，童话也是如此，它是集体无意识与人类意识的相连。在分析童话时，运用扩大的方法，除了放进个人的联想，更需要带入原型的与集体的意涵。比如，有人梦到一个金球，他可能联想起最近生活中出现类似的东西，或追溯有关自己与这种金色球形对象的经验，除了联想自身经验，我们可以再运用"扩大法"来理解金球的意涵。金球在众多的文化里是神或自性的象征，这个意象经常出现在传说或神话里。金色的球超越了特定文化的门槛，出现在各种不同的文化中，不管是像佛教这样高深严谨的宗教还是在非洲原始部落素朴的祭典里，金球都有重要的意义，原因是金色和太阳有关，每个人抬起头，就会看见太阳那道金光、那个金球是永恒的象征、生命的来源，代表生命和宇宙的圆满。这样的扩大，无关乎个人的生命经验，而是集体的人类心灵。当富含集体意义的象征对象出现时，我们的梦境就不再只是纯粹个人的心灵信息，有可能是承载原型之梦，也就是所谓的大梦。童话分析，就是把童话故事当作梦来分析，细看其中的每个意象及其背后的象征，通过扩大与其他类似童话联结，透过与其他类似童话对照和比较，就可以辨认人类共通的原型，走向集体无意识的繁复与丰富。

第四，将象征语言转换成心理语言。这一阶段是把象征转换为心理知识，把古老神秘的理解解读出来。这是从心理学与文学的角度看待文本的不同之处，童话分析在此与文学分析分道扬镳。

荣格童话分析主张，时代不同，对于同一个故事的解释也会不同，如果故事无法响应当代社会的集体心灵，就无法活在我们心里，也就会自然消失无踪，所以，回看这些围绕我们身边仍耳熟能详的古老童话，其中必然存在当代人心灵能够对应的内涵。我们一生总是会对某几个故事特别有感觉，因为它们可以把我们生命的主旋律传达出来，这就是童话可以作为心理治疗工具的主要原因。与此同时，我们还会不断创造对于这些老故事的新理解，如果可以把各自读到的拿出来讨论，故事就会从一个故事变成我的故事及我们的故事，能看见这些洞察与体悟如何响应自己的生命与共同的环境，如此一来，同一个故事就会继续被传述与延续，成为人类共同的文化资产。

童话故事里，继母都是坏的，教母才是好的。真实人生里也有好妈妈跟坏妈妈，甚至同一位妈妈既是好的又是坏的。年幼的我们只好切割分裂，在心里把她分成好妈妈跟坏继母两个角色，如同童话那样《白雪公主》处理的是那位在孩子小时候对其无微不至，但进入青春期开始严厉管教，这也不行那也不准的妈妈。爱我的妈妈是好妈妈，管我的妈妈是坏继母，所以这个故事根本可以读成关于青少年情感与欲望发展的寓言。白雪公主与坏皇后，都是象征语言，许多初高中阶段的女孩，就像白雪公主一样，被困在坏妈妈处处设限的青春期里。如果不离家、不对抗，就不得不按照安排行事，随之被"我会好好照顾你"这样的言行所吞噬。如果不要被吞噬，就必须回头以坚决甚至残酷的方式处理掉那股意图吞噬自己的力量。童话里的坏继母通常拥有巫术，而且下决心要把我们杀掉，所以为了保护新生的自我，一个年轻的女孩必须对抗她。《白雪公主》里邪恶的皇后最后被打倒，换作心理语言，就是负向母亲情结被克服了，而童话故事的情节，则是展示了如何打败或克服负向母亲情结的历程。发展出新的意识是多么困难与珍贵，其中的斗争，常常要付出血淋淋的代价，公主与王子的幸福快乐，其实隐藏着许多残酷的过程和愿意面对及断然分离的决心。这也就是我们将童话的象征语言转变成心理语言的过程，使故事与我们自身的经历相应。

常常练习把象征语言转换成心理语言，久而久之也会获得把心理语言转换成象征语言的能力。意象带入当代自身生活，让童话引出我们对于此刻内在心灵的深刻理解。我们可以把各自从童话中读到理解的拿出来讨论，故事就会从一个故事变成我的故事及我们的故事，能看见这些洞察与体悟如何响应自己的生命与共同的环境。如此一来，同一个故事就会继续被传述与延续，成为人类共同的文化资产。

荣格对于人类心灵的贡献，就是让我们更加能够把象征的语言转换成心理的语言；而冯·法兰兹则是让我们把遥远的、他人的童话放进当下的、自己的内在，让我们与自己相遇。

（五）分析心理学与《易经》

1912 年荣格出版了《转化的象征》，这部书中表述了他与弗洛伊德观点的重大分歧，最终两人分道扬镳。在这部书中，荣格在阐述力比多在转化的过程中受阻时提到《易经》："古代中国的《易经》哲学针对这种状态发明了一些精辟的喻象"。由此，荣格和《易经》结下了不解之缘。

（1）荣格与《易经》

作为分析心理学的创始人，荣格与中国文化和哲学有着深厚的渊源。当荣格接触到德国汉学家理查德·威廉（中文名又称卫礼贤）寄给他的《金花的秘密》翻译手稿时，荣格大为震撼。这之前，荣格没有到过中国，也不懂得汉语，他非常感谢理查德·威廉将自己引入中国丰富而古老的文化之中去。《金花的秘密》中文书名为《太乙金华宗旨》，是清朝乾隆年间道教学者编著的讲习静功与修炼的著作，再版于20世纪20年代。当时，中国正处于内有军阀混战、外有列强欺凌的生死关头。《金花的秘密》带有浓厚的儒释道三教融合的色彩，荣格很欣赏这本书，并视之为提高西方思想的奠基石。1929年，威廉与荣格合作的《金花的秘密》正式出版，威廉特别邀请荣格写评论。荣格感到十分荣幸，欣然写了一篇精彩的评论。在1930年威廉先生的追悼会上，荣格曾这样感谢威廉给予自己的帮助："心灵的火花点燃了智慧的明灯，而这注定将成为我一生中最有意义的事件之一"。"事实上，我认为卫礼贤给了我无限的启迪，我所受他的影响，远远超过了其他任何人"。荣格也给予了威廉先生很高的评价，说他是"中国智慧的伟大解释者"。[1]

　　除了《金花的秘密》之外，另一部对荣格心理学产生深刻影响的中国典籍便是《易经》。《易经》的作者和成书年代如今已无法考证，但其内容浩繁无际，博大精深，历代学者各取所需。据统计，各种评说《易经》的著述不下两千种，卷帙浩繁，洋洋大观。文化典籍的魅力是没有国界的，多少年来，西方最伟大的学者中不乏对其颇有研究之人，德国的莱布尼兹、法国的雷孝思、英国的詹姆士·列格等都对它做过评述和解说。到了20世纪，理查德·威廉被中国文化所吸引，经过潜心研究，又得到中国学者宋乃宣的帮助，终于较好地将《易经》介绍给西方，为中国文化赢得了世界的尊敬。

　　荣格最初接触《易经》先是来自理雅各的译本，而荣格认为理雅各的译本没有掌握该书的哲学深度。后来，理查德·威廉的翻译大大地提高了《易经》的影响力，得到荣格的认可。可以说，荣格真正发现《易经》的智慧应该说是从卫礼贤的译本开始的，卫礼贤带去了荣格所谓的中国文化的基因，这是一种阴与阳结合的理论，其中意象启迪了荣格，使得荣格确证了其理论。在翻译该书的过程中，由于两国文化背景与历史传统的不同，在一些方面

1　王宇洁. 卫礼贤中国心灵 [M]. 北京：国际文化出版公司,1998：67.

存在着可商榷之处。如"阴阳"两字在德语语言中就很难找到与之相应的译法，于是威廉便据其音译为"yin"和"yang"。威廉也可以说是荣格了解中国文化的引路人。荣格认为与理雅各的译本相比，"卫礼贤竭尽心力的结果，开启了理会这本著作的象征形式的大道。他曾受教于圣人之徒劳乃宣，学过《易经》哲学及其用途，所以从事这项工作，其资格绰绰有余。因为理查德掌握了《易经》生机活泼的意义，所以这本译本洞见深邃，远超出了学院式的中国哲学之藩篱"。[1]

在《人、艺术与文学中的精神》一书中的第五章《纪念卫礼贤》是荣格为纪念理查德·威廉而写的。理查德·威廉是个汉学家，他来到中国之后才取了卫礼贤这个名字。其以一个传教士的身份来到中国，最后变成一个狂热的儒家信徒。卫礼贤在中国待了二十多年，凭借着天赋和无与伦比的才能，摸索出往来东方精神的道路，把《论语》《庄子》《老子》《易经》《孙子兵法》等东方哲学体系的著作做了系统的翻译。里面所收录的文章，每一篇都意味深长，有如受一种力量提引着荣格一路往前追。[2]

在研究《易经》的过程中，荣格认为运用中国传统文化的方法可以达到一种真知，这使荣格意识到东西文化合璧的重要。在西方所有的心理学流派中，几乎只有荣格的分析心理学将《易经》以及中国文化纳入了心理学的理论与实践中。荣格的分析心理学的主要概念，如共时性、自性、自性化、原型、阿尼玛、阿尼姆斯等等，都与中国哲学有着深刻的内在联系。

（2）集体无意识与《易经》

集体无意识是人类心灵中所共同拥有的，其就像《易经》之"道"存在于万事万物一样。在《易经》哲学中"道"更多的是一种先验的存在，而荣格认为其集体无意识概念是经验到的，荣格更倾向于从一种生物学遗传的角度去论述他的概念。荣格的理论是一种心理学理论，其理论必然是关于人类心理或是心灵的。

（3）原型与《易经》

通过一整套符号体系，《易经》充分表达了宇宙原型。它通过阴阳的

1　荣格.东洋冥想的心理学 [M]. 北京：社会科学文献出版社,2000：107.

2　荣格.人，艺术与文学中的精神 [M]. 北京：国际文化出版公司,2011：45.

交互作用，将宇宙万物纳入到一个完整的系统，后又经历代圣贤先哲的阐释发扬，形成了具有东方智慧特征的伟大哲学思想。它既是儒家文化的经典，也是道家老子深邃思想的源泉，而现代西方学者也能从中找到自己理论的发源。西方现代物理学所取得的科学与理性的成果，就与中国古代直觉智慧和整体宇宙观念之间存在着惊人的相似。丹麦物理学家波尔在 1937 年访问中国时，就发现他的互补性原理早已以另一种形式存在于中国传统哲学之中，这给他留下了深刻印象。

构成集体无意识的主要内容是原型，原型具有阴阳的属性。除了原型自身具有阴阳的属性，原型与原型之间也是阴阳互对的。荣格认为要成为一个完整的人，除了理性的意识之外，也需要具有非理性的无意识层面，只有二者的整合才能成为一个《易经》里面的"大人"。要想获得来自无意识的知识，人们必须要回到自己的内心，放下过度理性思考的意识，为无意识留出空间，这就像是《易经》哲学中的阴阳理论，阴阳作为万事万物共有的属性，两面是流转变化的。当无意识尤其是集体无意识显现时，荣格认为其主要以原型的内容显现。原型是集体无意识的主要内容，原型存在于每个人的心中。如果说集体无意识的概念在荣格理论中的地位相当于《易经》哲学中的"道"，那么，原型就是集体无意识的表达，这样原型理论就像阴与阳去显现道一样去显现集体无意识。

（4）共时性与《易经》

事实上，很多现代西方最著名的学者和科学家都从《易经》中汲取智慧和灵感，他们惊喜地发现，自己的思想与《易经》存在着某种和谐与一致。荣格也不例外。从《易经》中，荣格不仅看到了与自然科学概念相联系的观点，也看到了它改变人类心理的巨大力量。他认为，《易经》所表达的中国精神可以弥补西方精神的片面发展，能够使西方人的世界观发生根本变化。荣格的共时论是在《易经》的影响下形成的。他认为，中国科学不像西方科学那样以因果关系为基础，相反，中国古代智慧关注的是共时性原则。荣格的"共时性"原则与《易经》中的感应原理相通。《易经》以天、地、人三才的视角统贯全书，特别强调了人作为大宇宙一分子的修德问题；而"共时性"是以主体的感应为基础跨越了自然物理界的时空，强调了主体的重要性。

（5）自性化与《易经》

原型具有阴阳属性，自性作为原型的一种，自然就具有了阴阳与对立统一的属性。荣格认为自性的这种对立统一是一种曼荼罗式的展现，是一种最完整和圆满的状态。而一个人最重要的就是实现其自性化，在《易经》哲学中就是"天人合一"。荣格认为《易经》之"时中"是实现自性化的重要途径，是成为一个与天地合德，四时合序，日月合明，鬼神合吉凶的"大人"的必然之路。作为总包万物的《易经》哲学，其中阴阳理论也体现在荣格分析心理学中。荣格重视人的自性化，自性化是一个人对于意识与无意识的整合，是阴阳两面趋于和谐统一的状态。其中，不仅要注意到作为原型的自性本身具有阴阳属性，也要注意到整合意识与无意识时的对立统一。最终，荣格对于自性化的追求，这种要求对立面的整合，与《易经》之"时中"理论相合。对于"天人合一"的境界上的追求，荣格又与《易经》的旨归是一致的。

总之，以《易经》哲学的视角去统观荣格之理论，可以为荣格分析心理学进行哲学上的构建；从《易经》哲学的角度理解荣格分析心理学可以使中国学者更好地理解荣格的心理学。以荣格分析心理学反观《易经》哲学，可以使学者们以一种他者的视角多层面的理解《易经》与中国文化。不仅《易经》哲学中的阴阳、时中等理论与荣格的共时性、原型等理论相契合，而且其最终与《易经》对于人的修德理论也是殊途同归。荣格进一步考察发现，《易经》中所说的"谨慎"并非泛指"小心"，更不是指庸俗地为钱而谨慎，而要求人们致力于善和真理。只有这样，生存才不仅仅是为了满足个人私欲，才具有实质上的意义。对于人类的灵魂而言，这便要求我们接受现实，迎接挑战。

如今，西方心理学家已经看到，《易经》是可以改善人类心灵世界修养的。从中国的孔子思想到印度的因果循环论，其本质都是适应环境，这与《易经》如出一辙。在荣格看来，《易经》对人生哲学的启迪有不朽的贡献。不仅如此，《易经》还可以缩短东西方文化的差异，对世界产生了深远的影响。

（六）分析心理学与比较文学

　　跨学科间的研究是比较文学的重要特征之一，而这种跨学科的特征自然需要跨学科学者来实现。关于比较文学的概念与功能的研究，美国学者亨利·雷马克提到，其主要研究对象是超出异国范围的文学，还包括文学以及其他知识领域，比如艺术、哲学等。[1] 总而言之，比较文学是国家间文学的碰撞与交流，是文学与人类的其他领域的比较。跨学科是比较文学研究的一个重要特征，也是比较文学研究具有开放性特征的必然发展趋势。随着科学技术的快速发展和哲学思想的不断变化，人们的文学观念和文学创作本身也在发生着改变。这使得跨学科研究不仅成为可能，也成为比较文学学者应该必须做的工作。英国数学家、哲学家怀特海认为："仅就英国文学而言，哲学和科学与许多伟大人物有关，科学的间接影响尤其可观。"[2] 英国文学如此，世界文学也是如此。对文学理论的贡献不仅来自文学家，而往往来自心理学家、哲学家、医学家等。

　　（1）比较文学中学者的资质

　　理查德·威廉又名卫礼贤，是德国著名的汉学家，在来华之前，该学者在其本国内是一名著名的传教士，在德军攻占我国青岛地区后，来华传教，并创办了一所书院，名为礼贤书院，来华后，他便致力于中国儒学的研究。由于他对中国文化的热爱，他用中文给自己取名。20世纪初期，该学者发表了一系列关于中国文化的文章，并针对我国古代哲学著作进行深入研究与翻译，先后翻译出版了《论语》《老子》等我国经典哲学著作。在华期间，他不断办学、讲学，翻译并出版中国哲学经典，为中华文化在国际上的传播提供了重要助力。荣格于1922年认识了卫礼贤，后来成为好朋友。荣格是医生及分析心理学家，卫礼贤是汉学家。二者之间有关文学的互动是一个比较文学学者的问题。不仅仅是那些汉学家，那些非汉学家（比如心理学家）可能对谈论卫礼贤的价值和意义更有创造力和洞察力。比较文学的意义和魅力正在于此。在很多情况下，富有洞察力的探索和发现并不局限于某个

　　1　张隆溪. 比较文学译文选 [M]. 北京：北京大学出版社,1982: 1.

　　2　怀特海. 科学与近代世界 [M]. 北京：商务印书馆,1979: 71.

狭窄领域的专家和学者。某种跨学科研究可能更有启发性，引发更多思考。[1]

因此，荣格不仅有资格，而且能很好地谈论比较文学。荣格认为自己是人类思想的探索者。他从一开始就探索人类的心理，他曾通过神话、仪式、童话等探索心理原型，撰写了大量关于东西方人格差异的著作。荣格通过与卫礼贤的接触，开始关注和研究中国文化。以此为契机，他仔细研读了《周易》，沿着这条发展道路，荣格不知不觉地从心理分析转向了比较人类学和比较诗学。荣格曾经说过："人类存在的唯一目的就是在纯粹的自在之黑暗中点燃光明之焰。"从这个意义上说，心理学家和比较文学学者可谓是一脉相承。[2]

（2）比较文学的目的和境界

如今，比较文学研究不再仅仅满足于一定的影响，而是着眼于精神力量的作用，着眼于文学和美学所能表现的独特的类型和方法。荣格曾提出，人们在接触外来文化时，很容易陷入两种误区，一种是过于盲目导致对外来文化的了解十分浅显；另一种则是过于傲慢从而导致对外来文化的一味批判。他们仅仅只了解到了外来文化的皮毛，而并未从深层次与外来文化交流、沟通，因此无法感知到新鲜文化注入血液的鲜活与亲昵，无法实现真正的心灵交流。这种精神交流就是比较文学中所谓的"对话"。一种涵义在与其他涵义对话后，就会体现出自身的深层底蕴，这些不同涵义之间的对话使得不同文化之间的壁垒被充分消解，文化的片面性与封闭性被消除。对于其他文化，作为局外者，我们能够洞悉出其原本难以察觉的一些问题，而同时，在和别的文化的接触与了解中，我们也能够寻求到自身文化问题的答案。因此，当从别的文化中寻找答案时，我们能够在此基础上对自身文化进行更深层次的挖掘与创新，发掘自身文化新的时代涵义。[3]如果对于自身文化的问题都无法察觉，那么就更加无法理解其他文化的奥义。即便两种文化产生了交流与沟通，但是并不代表着这两种文化会融为一体，在沟通和交流过程中，每一种文化都会保持着自身的独立性与完整性，同

1　张隆溪. 比较文学译文选 [M]. 北京：北京大学出版社,1982：29.

2　霍尔,诺德拜. 荣格心理学纲要 [M]. 郑州：黄河文艺出版社,1987：21.

3　巴赫金. 巴赫金文集 [M]. 石家庄：河北教育出版社,1998：370-371.

时通过文化间的对话得到进一步丰富与充实。在荣格看来卫礼贤的作品十分伟大。"他给我们接种了中国精神生命的胚芽，从根本上改变了我们的世界观，让我们避免陷入盲目崇拜或者盲目批判的两种误区，不仅融入了东方文化，且成功继承了我国传统作品《易经》中的蓬勃的精神力量。"[1]荣格继而称赞卫礼贤在各种意义上完成了他的使命："他不仅让我们接受了中国古代的文化瑰宝，而且正如我所说，他给我们带来了中国的精神根源。这种延续了几千年的文化，把它种在了欧洲的土地上。"[2]在这个意义上，荣格说："我确实觉得他让我丰富了很多，在我看来，我从那里得到了更多。"卫礼贤将中国精神生命的萌芽接种到西方人身上，进而引起西方世界观的根本性转变；他在欧洲的土地上种下了几千年中国文化的精神根源，从而改变或丰富了西方文化的品质。荣格高度赞扬了卫礼贤超越欧洲人狭隘偏见的精神："唯有包罗万象的人性和洞察整体的广阔精神，才能使他面对深刻不同的精神。毫无保留地敞开自己，以服务扩大自己的影响。"[3]对于当前的比较学者而言，卫礼贤的成就无疑是他们的终身追求。卫礼贤与我国文化之间就如同我国学者与西方文化之间的关系。卫礼贤对中国文化的理解与追求，在我们的前辈学者中似乎是依稀可见的。

（3）比较学者的立足点

比较文学中，比较的对象必须立足于某个地方，才有比较的权力和能力。一个比较学者脚下必须有根，这样他的"比较"才能舒展开来，最终进入比较的最高境界。跨文化性是比较文学最基本的特质之一，对于比较诗学，著名的比较文学理论家迈纳曾提到，比较诗学的材料必须是跨文化的，且必须是来自于一项完整度较高的历史范围，只有在这种情境下其才具备文学意义。[4]也就是说，比较诗学也可以理解为跨文化的文学理论，只是说法不一，但本质是一样的。比较文学与比较诗学有一定的相似度，既然前者具有跨文化性，而各种不同文化显然又存在着差异、矛盾、甚至对立。判

1　荣格. 纪念理查·威廉 [M]. 北京：三联书店, 1987：248-249.

2　荣格. 纪念理查·威廉 [M]. 北京：三联书店, 1987：248-249.

3　荣格. 纪念理查·威廉 [M]. 北京：三联书店, 1987：248-257.

2　Earl Miner. Comparative Poetic: An intercultural essay on theories of literature[J]. Princeton: Princeton University Press, 1990: 3-5.

断这些不同的文化，我们应该用不同的标准、理论或概念来评价。用荣格的话来说，就是当中国的"科学原理"完全不同于西方的"科学原理"时，譬如说除西方的因果原理之外，还存在着一种东方的"共时性"，我们应该做怎样的选择，相信或者坚持什么样的原理。

卫礼贤热爱中国，热衷于中国文化，但这些都没有让他成为中国人。他的立场仍然是西方和欧洲的。在来华前，他是一名著名的德国传教士，而在来华后，则成为儒家学说的忠实信徒，他甚至说："作为传教士，我没有说服任何中国人皈依基督教。这对我来说是一种安慰。"[1]这表明卫礼贤对中国文化有了更深的理解，去掉了西方人长期以来固有的偏见思维和认知惯性。他超越了种族和民族的狭隘，进入人类的层面。正是因为他超越了种族和民族的狭隘，才如此热爱中国文化；正是因为他是西方人，他对中国的翻译和诠释才对欧洲人产生了如此深刻而持久的影响。卫礼贤作为德国人，却超越了民族与种族的局限性，真正站在人类历史发展的高度，将人类思想变为现实。欧洲学者数不胜数，但能够真正超越民族与种族的狭隘性的学者却寥寥无几，但卫礼贤却能做到。也正是因为其超越了民族与种族的狭隘性，才能真正体会到中国文化的魅力。反之，因为卫礼贤是欧洲人，所以他对中国文化的研究与翻译才能够在欧洲产生如此深远的影响。

荣格自然很清楚地意识到一件事：中国几千年建造的东西，不可能通过暂时偷窃而获得。如果我们想拥有它，就必须用自己的努力去争取对它的权利。西方人们不能放弃自己的根基，不能因单纯向往东方文化而放弃自己的。否则东方的反省，尤其是《易经》中的智慧，对西方人就没有任何意义了。在文化交流的过程中，对于西方学者，荣格的忠告是："只有当我们自己的生活足够丰盈充实，才能对东方文化进行检验，才能体会到其中的生命力。因此对于我们而言，首先要学习一些与我们自身关系密切的真理，将现实生活作为出发点，而不是只着眼于瑜伽功夫，这种功夫只会迷惑我们，让我们看不清现实。"[2]而对于中国学者而言，亦是如此，在研究西方文化之前，对西方文化进行检验之前，我们必须拥有足够丰盈充实的生活，对

1　张君劢.《卫礼贤—世界公民》[M]. 济南：山东大学出版社,2004：27.

2　荣格. 纪念理查·威廉 [M]. 北京：三联书店,1987：254.

自身文化与智慧加以学习和体会，只有这样才不会被西方文化大潮所裹挟，以至于无法认清现实。

（七）分析心理学与文学批评

弗洛伊德和荣格对文学批评，尤其是在创作的动机、文学的功能、文学的本质等方面都有不同的看法。它们既有不同又相互关联。两者都认为文学创作主要来自人的潜意识，在对文学创作规律进行探讨时都从心理机制的角度出发，形成心理分析和批评观。但是各自经历的差异与个性的不同使得批评观点自成一派。弗洛伊德在对文学创作进行诠释时仅仅从梦的角度出发，而忽略了文学传统的影响力，陷入了泛性主义的误区。而荣格则从神话传说中寻找根源与素材，在脱离社会实际的基础上进行文学创作，为文学赋予了神秘感。这里，我们主要探讨的是荣格学派在文学批评领域的基本观点和主要创新。

（1）集体无意识是荣格文学批评的基石

集体无意识理论是荣格心理学的重要基石之一，它与弗洛伊德"意识—前意识—潜意识"的心理结构截然不同，弗洛伊德认为：意识是人在面对外部刺激时产生的表层感知，意识并不包括潜意识，潜意识指的是能够唤醒人内心的深层驱动力的一种本能，这种本能包括性本能和与本能相关的各种欲望。荣格在弗洛伊德的前意识理论上进行了完善，他认为，前意识不仅包括个人童年经历，更包括祖先的经验沉淀和积累。他认为潜意识是由个体无意识与集体无意识共同组成。荣格认为前者主要是我们曾经意识到，但由于一些原因后来遗忘掉的东西。而后者则指的是从未在意识中出现过，完全来自遗传的一种意识。[1]荣格将人的心理结构按照由浅及深的顺序划分为意识、个体无意识以及集体无意识三种。其中最后一种属于深层结构，而第二种则依赖于第三种产生。

关于二者的区别，著名心理学家埃里希·弗洛姆认为：弗洛伊德作为理性主义者，他对潜意识的理解，是因为他想控制潜意识。与之相反的是，荣格作为浪漫主义者，他对理性持怀疑态度，荣格认为智慧来自非理性的集体无意识。荣格提出帮助患者接触非理性智慧的根源是分析治疗的功能

1　冯川. 荣格文集 [M]. 北京：改革出版社,1997:228.

之一，且能够在这个过程中收获诸多。对于无意识态度，荣格持赞赏态度，而弗洛伊德则秉持的是批判性态度。他们的暂时相遇并不代表最终结局的殊途同归，他们最终走向了两个方向。两人对潜意识态度的差别，造成了他们对文学本质以及功能等看法的差别。

（2）原型是文学批评的核心

弗洛伊德认为，人类潜意识的本质是一种人类本能，即人类欲望的仓库。原始欲望虽然具有很强的社会心理能量，但长期以来被心理意识严重压制，需要通过不断释放才能得到心理上的满足。原始欲望更多的时候是表现在人与性欲相关的能量。最初的本能欲望是无法根除的，释放这些能量可能对外界和自己造成伤害。弗洛伊德认为文明必须要首先满足个人幸福。通过升华能力表现出性成分的可塑性，因此为需求更高的文化成就提供了可能性，也即通过更彻底的升华即可获得更高的文化成就。"[1] 在升华后，通过文学作品能够充分体会到作者深层次的原始欲望，因此，从这一角度来说，文学的本质就是升华人的原始欲望。在对现代心理学的研究中，荣格和弗洛伊德一样，特别注重对梦境和幻觉的深入分析。但是荣格更关注希腊神话、神话，以及现代文学作品等。从荣格的研究中能够看出，他认为人类潜意识中所隐藏的心理结构具有一定的共性，而这些具有共性的心理结构共同组成了集体无意识，也就是原型。尽管荣格并没有否定原欲具有自我升华的作用，但是他仍然认为，这并不是所有文学的本质，而只是一种象征性的表现形式，例如，当我们谈到《浮士德》的数字象征时，荣格认为对于其所表示的东西我们的认识尚存在局限性，但是并不代表其不存在。准确来说，每一个德国人的灵魂中都存在这种东西，但它的最终诞生确实是歌德促成的。[2] 从这个观点可以看出，荣格认为，早在远古时期，个体原型就已产生，通过遗传发展渗入到原始集体的集体无意识中，因此，文学的本质应该说是文学原型的象征。

对比原始欲望和原型的不同来源，我们不难发现：弗洛伊德的文学理论是将文学作品视为个人社会经验的自然产物。荣格将文学作品看作作家

1　弗洛伊德. 弗洛伊德文集 [M]. 长春：长春出版社, 2004: 150.

2　荣格. 荣格文集 [M]. 北京：改革出版社, 1997: 246.

社会经验的集合，认为其具备先天性与普遍一致性。因此，弗洛伊德认为，原始欲望必须接受自我意识、社会规范和伦理道德的严格规范，无限过度释放和过度扩张并无益处。在《精神分析导论》中，弗洛伊德提到，文化会限制性本能的发展，当性本能受到限制，没有得到完全的满足，那不被满足的部分就会升华，从而创造出人类文明中最美妙最严肃的成就。但人类会在各方面努力满足自己的欲望，因此无法将性本能中没有得到满足的部分升华，也就无法获得进步，只着眼于满足欲望的快乐。[1] 只有在作家的自我心理控制下，原始升华才能进行，且不能随意的通过象征进行表述，其主要表述方式为情结。该词在弗洛伊德的许多作品中都出现过，他认为人类潜意识中的黑暗部分就是原始欲望，而文学中对原始欲望的表述过于单一与功利。对此，荣格则提出，集体无意识不受其他意识所影响与控制，他不认为原型的具体象征意义仅仅是作家的自我情结。在荣格的著作中，他提到的原型有智慧老人、阴影等。荣格认为，天赋是以艺术作为内在驱动力的，艺术将人的天赋作为工具，从这个角度而言，艺术家并非是拥有自由意志的独立个体，而是被艺术使用，用以实现艺术目的的人。因此，对于文学中的原型，作家不可能做到完全掌控，他仅仅只作为原型的代言人存在。

（3）自主情节是文学批评的内在力量

荣格与弗洛伊德对文学作家创作动力本质理解也有巨大差异。弗洛伊德认为原始欲望来自个体的心理感受，是人的自然需求。因此，所有的艺术家都是由性欲驱动的，作家满足自身原始欲望的过程就是文学创作的内在规律。而其创作的主要推动力则是"力比多"。而这种推动力并非后天形成，而是与生俱来的，在作家幼时通过游戏的方式展现出来，成人后，游戏被幻想所取代。对于人们漫无边际的幻想，弗洛伊德将其命名为白日梦，他认为一份具有创造力的文学作品，应该像白日梦一样，延续幼时游戏的过程，作为游戏的替代品出现。[2] 基于此，他将文学创作视为作家白日梦形成的过程。对于文学作家，弗洛伊德从题材角度将其分为两种，第一种是

---

1 弗洛伊德. 精神分析引论 [M]. 北京：北京联合出版公司，2015：275.

2 弗洛伊德. 弗洛伊德文集 [M]. 长春：长春出版社，2004：64.

根据现成题材进行文学创作的作家；另一类则是自己选择题材进行文学创作的作家。无论是哪种类型的作家，其内在驱动力都是"力比多"。哪怕是与白日梦模式相差最大的作品。在通过一系列具有连续性的过渡事件后，也可以建立起与白日梦模式的联系。[1]

荣格同意"力比多"的观点，他认为其有原型，且能够通过象征来表达。但是却不是创作的源泉与动力。荣格认为艺术家的作品来自自然力量，它利用自然与生俱来的力量和智慧来达到目的，与艺术家自身经历与命运则关系不大。对于文学创作，荣格将其视为一种自发活动，作家仅仅作为代言人存在，是集体无意识的表达载体。而原型则是集体无意识的主要内容。原型如同磁体一般，将相关经验紧紧吸附在一起形成复合体。只有当原型成为完整的核心时，才能体现在意识和行动上"。因此，创作的动力来自无意识中的自主情结。[2]

从"力比多"的压抑和自主情结的明显差异可以看出弗洛伊德过于重视理性，对于作家潜意识的复杂与特殊则不予重视，而注重复杂社会现实和个体的不和谐。这样，矛盾冲突是创造的基本驱动机制。弗洛伊德认为，当人心中的潜意识被后天压制时，"力比多"就无法被自由地释放出来，本我与自我发生冲突。为了保持自我与本我的平衡，自我需要诉诸某种幻想，最终形成白日梦。因此，人类创造的过程实际上就是作家创造梦的过程。对于梦的暗示作用，荣格十分重视。他认为文学创作不能仅仅从梦的角度来诠释，从另一种角度来说，文学创作的基本机制在神话传说的创作中更能体现出来。荣格认为，一旦发生原型的情景，则会陷入到一种前所未有的轻松感中，好像被一种巨大的力量所超度。[3] 由此可见，荣格认为文学作品并非作家所创作，而是与生俱来的，作家的作用是对其原型进行挖掘，创作的心理过程在一瞬间即可完成。

（4）补偿是文学批评的目标

尽管弗洛伊德和荣格对文学的本质在许多方面有不同的理解，但他们都一致认为压抑的潜意识可以充分体现文学的本质。由于弗洛伊德和荣格

1　弗洛伊德. 弗洛伊德文集 [M]. 长春：长春出版社, 2004: 150.

2　冯川. 荣格文集 [M]. 北京：改革出版社, 1997: 219.

3　冯川. 荣格文集 [M]. 北京：改革出版社, 1997: 228.

对创作动力的理解不同，他们对文学在满足对象中的地位和理解也不同。

　　弗洛伊德认为艺术并不是作为纯粹的艺术而产生的。从它的起源来说，艺术就是为了宣泄现在隐藏的冲动。由此可见，文学创作从一定角度来说是人对童年幻想的一种发泄。弗洛伊德认为，相比精神病人，作家的欲望无法在现实中获得满足时，会在文学世界中寻找渠道释放"力比多"，获得一种可替代的满足。而一个精神病人，只能学会不断地追寻自己的欲望，而不是通过不断改变自己的来寻求替代满足。这样，文学的基本功能就在于使人从中获得替代性满足。弗洛伊德认为，不仅是创作这类作品的作家可以获得替代满足，读者也可以通过作品传递的精神感受到替代满足。

　　荣格认为，艺术的社会意义在于其能够使时代灵魂得以净化和升华，从而召唤出当前时代最缺乏的形式。艺术家无法在现实中获得满足的欲望，可以追溯到其无意识深处的原始意向，而这正是当前我们的片面与匮乏的最好补充。[1]由此可见，荣格认为，文学创作的基本内容已经消失，作家的潜意识通过"自主情结"这一桥梁与意识进行沟通与交流，而作家只是从潜意识中将原型激活。在这里，文学不需要替代任何东西，仅仅只是弥补人们对现实的不满。因此，文学的一个重要功能在于对现实生活中的不满进行补偿。因为这两位学者在心理本质结构中指向的对象不同，因此其文学满足的人群也不同，弗洛伊德原始的欲望是强调作家的个性特征，文学的功能和价值在于它可以使人获得替代性的个人满足。荣格则认为，原型文学是人类集体无意识的主要表现形式，文学的功能的主要目的在于某种补偿性的满足。

　　这两位学者对于潜意识理论都十分认同，他们认为文学创作的基本规律来自于心理机制，在此基础上形成了文学分析批判观，但是由于两位学者的生活经历的差异，导致最终形成了截然不同的分析批判观。弗洛伊德对其母亲的深深依赖，以及后来对于爱情的等待与向往，使其局限于探索原欲，忽视了传统对文学的影响，对于文学创作，他仅仅用梦进行诠释，陷入了泛性论的误区。而荣格的家庭与信仰，使他在探索文学创作的原型时，从神话角度出发，脱离现实社会，使文学创作的神秘色彩更加浓郁。

　　1　冯川. 荣冯川. 荣格文集 [M]. 北京：改革出版社,1997：228.

第五章

后荣格学派的形成和发展

　　后荣格学派一般指在荣格之后发展起来的以荣格理论为核心，包括荣格学者在内的分析心理学流派。荣格学者是荣格身边忠实的学生及追随者，后荣格学派与荣格学者前后承接，相辅相成。荣格之后，分析心理学由追随者继承，他们仍以分析心理学为主要理论依据，共同承袭了荣格分析心理学的基本命题，逐渐形成了具有广泛国际影响力的后荣格学派。但同时，后荣格学派的学者对荣格的心理学思想又有所修正和发展，理论倾向的分歧使得临床方法进一步分化，由此造成的矛盾使得分析心理学内部产生分裂，向不同的方向发展。

　　塞缪尔斯在《荣格学者与后荣格学者》一书中区分了分析心理学的三个学派：经典学派、发展学派和原型学派。他使用了三种理论倾向标准，即对于原型、自性和人格发展的不同程度的强调；使用了三个临床诊断方法的标准，即对移情与反移情的分析、对自性之象征意义的强调和关于原型意象的解析。[1]可以看出，后荣格学派在继承荣格的基本思想的基础上，对理论与临床各有侧重，并对荣格相应的观点和方法进行了修订与发展。可以借助下表来予以说明。

后荣格学派的三种取向

	移情与 反移情	自性及 其象征	原型意象 及其分析
原型学派（强调原型）	3	2	1
发展学派（强调人格）	1	2	3
经典学派（强调自性）	2	3	1

【注】1,2,3 代表重视程度从高到低。

　　1　Samuels,Andrew.Jung and the Post-Jungians[J].Procedia-Socialand Behavioral Sciences,1986,34（1）：53－71.

第一节 后荣格经典学派

后荣格经典学派本着对荣格本人和分析心理学负责的态度，继承了荣格的基本思想，未作很大的改变。经典学派在理论取向方面强调自性的意义，在临床方法上首先注重自性及其象征，其次是原型意象分析，最后是移情与反移情。

约瑟夫·刘易斯·亨德森（1903—2007）是后荣格经典学派的代表。他于 1929 年开始接受荣格和托妮·沃尔夫的个人心理分析，同时在英国伦敦圣巴塞洛缪医学院学习，并获得医学博士学位。亨德森 1938 年回美国开业，一直到 2007 年，百岁高龄仍然能够坚持工作。他也是旧金山荣格学院最受欢迎和敬重的教授。亨德森曾被荣格邀请，在《人及其象征》中撰写了"古代神话与现代人"一章，被荣格认为是最亲密的追随者和最信赖的荣格派心理学家。[1] 在此经典著作中，亨德森阐述了他对于文化仪式的原型研究，1963 年他独著的《蛇的智慧》(1963)，可以看成是其对仪式与原型的继续探索。而他在随后的《仪式之门》(1967) 中，对这个主题的 30 年的研究和探索进行了总结，这不仅奠定了他在整个分析心理学发展过程中的地位，而且影响了神话学和人类学的研究。他的其他著作有：《心理观的文化态度》(1984) 和《阴影与自性》(1990) 等。2003 年，亨德森与其助手舍伍德合著了《心灵的转化》。

亨德森对荣格所阐述的人类心灵的发展作了进一步的说明，并对象征、阴影等概念进行了探入式的系统解释。他认为人类的心灵有其自身的历史，心灵依然保存着它演进发展前诸阶段遗留下的大量印迹。除此之外，潜意识的内容对于心灵具有一种构成作用。我们可以有意识地忽略这些内容的存在，但是我们会在潜意识中对它们及其象征性形式作出反应。个体可能会感到，他的种种梦幻是自然发生的，相互之间没有联系。但是，经过一

1　荣格．人及其象征 [M]．石家庄：河北人民出版社,1989:81.

段漫长时期的观察，分析者可以看到一系列梦的意象，并发现它们构成了一种意味深长的模式，通过对这种模式的理解，病人可以最终获得一种崭新的生活态度。在这个过程中，分析者可以提供帮助，他可以帮助病人打碎业已形成的陈腐、不适宜的象征的屏障；或许他可以帮助病人发现一个古老象征的永恒价值，这一古老象征根本没有衰亡，它正在寻求一种现代形式的复生。在分析者能够卓有成效地同病人一起探索象征的意义之前，他本人必须获得有关象征起源及意义的较为广泛的知识。因为，古代神话与出现在现代病人梦里的故事之间的相似现象，既不是无关紧要的，也不是偶然的巧合。它们之所以存在，是因为现代人的潜意识中仍然保持着创造象征的能力，这种能力依然具有至关重要的心理价值。我们通过更多的方式认识到，我们仍然依存于包含在这类象征中的种种启示，无论是对于我们的生活态度，还是对于我们的行为，它们都具有深远的影响。

阴影与象征一样，在分析心理学的概念里扮演着至关重要的角色。亨德森对荣格的"阴影"概念进行了详细的分析。他认为，荣格所指的阴影是由个体的意识投射出的，蕴含着隐秘的以及不受欢迎的人格特征。但是，这种阴影绝不仅仅是自我意识的简单颠倒和压抑。正如自我意识中蕴含着种种令人不快的、具有破坏性的态度一样，阴影之中同样蕴含有益的特征，如本能和创造的冲动。虽然自我意识与阴影相互独立，但它们同样也无法分割地联为一体。在个体意识的发展演化过程中，英雄形象是象征性的手段，通过这种手段，崛起的自我意识克服了潜意识心理的惯性，从那种回归的渴望中，从那种渴望返回由母亲统治的世界中的童年极乐状态的愿望中，将成熟的人拯救出来。

亨德森对大量的民间神话、传说进行了深入的探讨。他认为神话和传说是对现代人心灵产生深刻影响的那种力量，人越是仔细详尽地研究象征的历史以及象征在众多不同的文化生活中扮演的角色，就越是容易理解在这类象征中蕴含着重新创造的意义。一些象征与童年和走向青年时代的过渡时期有关，另一些象征与成熟相关，还有一些象征则与为自己不可能避免的死亡做准备的老年人的经历有关。荣格曾描述过一个 8 岁女孩子的梦，在小女孩的梦中蕴含着通常与衰老之年联系在一起的象征。她的梦表现出的进入生命的种种象征观念的演进与发生在古代社会仪式中的一样，说明在现代人的潜意识心灵中，这种演进同样也会发生。其实，这些神一般的人物是整体心灵的象征性表象，是更大的、更全面的人格，它为个体自我意识提供它所需要的力量。这些表象的特殊作用使人们联想到，英雄神话的基本功能在于发展个体的自我意识。个体对于自身的力量和弱点的认识，使他以这种自我意识去面对生活向他展现的艰巨任务。一旦个体通过了最初的考验，进入成年的生活阶段，英雄神话便丧失了其关联意义。英雄的象征性死亡仿佛变成了进入成年生活阶段获得的成就。

毋庸置疑，在我们的生命中，存在冒险与纪律、邪恶与美德、自由与安全之间的冲突。然而，它们只不过是用来描述苦恼的双向矛盾的措辞，我们似乎永远也无法找到解决这种冲突的答案。其实答案是有的，在压抑与解放之间存在一个汇合点，从我们一直都在讨论的初始生命仪式中能够找到这一汇合点。这类仪式能够使个体或者整个人类群体的内部统一，从而获得一种生命的和谐。然而，诸种仪式并不是一成不变、自动地为人们提供这种机缘。它们与个体或者群体的特定阶段紧密相关。而只有当人恰如其分地理解它们，并将其转化为一种崭新的生命方式时，他才能安然度过危急时刻。从根本意义上讲，生命仪式是一个过程，它始于一种顺应的仪式，历经一段时期的压抑，然后是随之而来的解放仪式。因此，每一个体皆有能力统一自我人格的相互冲突的组成，能够达到一种和谐。这种和谐使个体成为真正意义上的人，成为自我的名副其实的主人。

亨德森在1962年的苏黎世分析心理学大会上提出了有关"文化潜意识"的思想。他认为在个人与原型之间有一种文化潜意识在发挥作用。有关的思想引起了许多后续的研究，如文化情结和文化的心理态度等，在他看来，这都是潜意识心理学。这是从弗洛伊德个体潜意识观念开始，到荣格的集体无意识探索过程中的一种新的发展，让人们关注文化层面的潜意识运作。

J. 辛格（June Singer）也属于经典学派的代表。她与丈夫R. 辛格（Richard Singer）在苏黎世荣格学院完成训练回到美国后，于1965年参与筹建芝加哥荣格学院。J. 辛格在芝加哥、旧金山和洛杉矶荣格学院都留下了足迹与贡献。《心灵的边界》（Boundary of the Soul）是她的代表作，也是最有影响的荣格分析心理学专著之一。

第二节　后荣格发展学派

发展学派强调人格发展的意义，在临床方法上首先注重移情与反移情，其次是自性及其象征，最后是原型意象分析。

福德汉姆（Michael Fordham）是发展学派的代表。他是最具创造力的分析心理学家，也是少数针对荣格心理学建立自身论述的心理学家，他还是公认的英国荣格运动的领导者，并且以其分析心理学的发展理论而著称。福德汉姆接受了贝尼斯和 H. 科茨的分析，同时也深受儿童精神分析专家克莱因的影响。这使得他更倾向于将分析心理学与精神分析整合，独立发展自己的观点与理论。他是该时代极少数未曾让荣格做过分析的分析学家，这或许对他有长久的影响，因为他好像一直游离在荣格心理分析团队之外。然而，他和荣格在个人与专业方面却一直保持良好的关系，后来荣格还选他担任《荣格全集》的总编。T. 科茨称其为荣格之后最富创造性的第一代分析师之一。福德汉姆的主要著作包括：《儿童的生活》（1944）、《作为个体的儿童》（1969）、《荣格心理学导论》（1966）和《荣格心理治疗》（1978）等，都是十分重要的分析心理学尤其是分析心理学发展学派的专著。

福德汉姆认为荣格心理学并不是一门精神病理学，尽管他参考了有关病理学的一些经验材料；用荣格自己的话说他的理论是一些建议及尝试，旨在形成一门新的科学心理学，它首先建立在人自身所获得的直接经验上面。福德汉姆认为，荣格的集体无意识是一个比个体无意识更深的沉积层；这是一个未知的实体，我们的意识从那里浮现出来。我们可以通过观察本能行为来部分地推演它的存在。福德汉姆还认为本能活动是由遗传获得的、潜意识的，并"带着恒定性及规律性"而延续着。因而，本能活动被确定为像无意识动机那样的一些活动，或者说得更确切一些，有许多就动机而言是潜意识的活动完全是个体活动，只勉强够得上被定性为本能活动，而另外一些活动是集体活动，带有深刻的文化烙印。福德汉姆对荣格的力比多、象征等概念进行了批判性的论述，认为力比多是一种天生的能量，为生命服务是它先于一切的目的。然而，当力比多超过了本能目的需要的特定数量，它就会转变为创作，并为文化的目的所利用。能量的这个转变方向就是从这时候开始的，人们把它转移到与本能的对象的相似的方面上来。然而，这种转移不能够由一个简单的意志活动构成，而是以一种迂回的方式实现。在潜意识当中孕育一段时期后，便会产生出一个象征来。这个象征永远也不会是有意识地制作出来的，它通常以一种自然流露的方式出现，或者通过经常在梦中出现的直觉显现出来。福德汉姆认为荣格是以精确的方式来使用"象征"一词的，而他自己对象征有更为灵活的理解。他在"象征"与"符号"之间作区分，认为符号只是一个代替物，是实在事物的代表，而象征带有更广泛的意识，并代表人们不能更确切地加以定义的心理事实。

福德汉姆从儿童工作中获得了很丰富的经验，认为儿童的发展具有生理的、心理的和情绪方面的内容。于是他认为人有一个原初自体，自体因为和环境接触而在其中浮现，这与荣格的想法不一样。荣格认为自体是人内在整合的中心，但是要到 30 岁以后人生的后半程才开始重要起来。根据福德汉姆的看法，原初自体是完整的整体，但是具有一种潜能，能够及时参与人格的发展。他将这种机制分解和重组，分解出来的部分他称为"分解部"。"分解部"会一直保持作为整体的部分。这种机制的一个实例是婴儿饥饿时的哭啼。这种哭啼可以促成其生物性方面的适应或包含潜在意义的想象创造力。前者是客观的体现，后者是主观的体现，两者相互作用。在《儿童的生活》一书中，福德汉姆概括了荣格学派的儿童发展理论，认为儿童的发展既取决于父母教养的方式，也取决于儿童自身的天性，两者具有同样重要的意义。在福德汉姆看来，儿童的自我是在其心理的分化、环境、母亲的哺育及其延伸的互动过程中发展出来的。这与荣格本人的观点有所不同，荣格认为儿童的心理完全由父母的潜意识心灵决定。福德汉姆等后荣格发展学派的儿童观也促使心理分析师更加注重对儿童本身的心理分析工作。在训练儿童心理分析师的时候，福德汉姆与传统精神分析学者能够良好互动，促使精神分析的许多思想和技术被引入到分析心理学的理论和实践的过程之中。

福德汉姆从 1957 年开始著书讨论移情。这个问题的核心是：在分析的过程中，自体的浮现及其在意识中的实现会借助原型进行移情分析而发生作用。那个时候，荣格学者的著作中还没有人讨论这种临床现象。他发现了两种反移情：同调反移情和虚幻反移情。同调反移情是指，分析者体验到病患的一部分情感投射到他身上，给了他病患内在世界的重要资料。分析者必须能够"分解"，让自己的一部分自动地回应病患的需要。由于这部分是"自体"的影像，所以福德汉姆根据从病患那里产生的经验，认为荣格所说的分析是一种辩证过程，而这种辩证过程分析者和病患都无法有意识地控制。这个分析依靠的是，分析者以其相对较丰富的经验而分解，以便回应病患的分解。虚幻反移情指的是分析者与病患互动时，由自身以前未解决的问题引发而生的反应。福德汉姆的工作使荣格在分析理论方面的很多说法得到实际的应用，并且使人们对心理分析理论，尤其是投射性认同在分析工作中的重要性增加了很多认识。

沙盘游戏治疗是由朵拉·卡尔夫（Dora Kalff）创立的心理分析技术，是在荣格分析心理学与中国文化相接的背景下，结合福德汉姆和诺伊曼等后荣格学者的儿童发展观以及罗温菲尔德的"世界技术"而建立起来的。沙盘游戏治疗是荣格发展学派后期的代表技术，影响深远。沙盘游戏治疗目前已经成为国际上影响广泛的心理治疗方法，被人本主义治疗、格式塔治疗、整合性动力治疗和普通的心理咨询与心理治疗广泛采用，也成为艺术性和表现性治疗的主要形式。1985 年国际沙盘游戏治疗学会（ISST）成立，成为荣格分析心理学具有特色的分支性机构。

第三节 后荣格原型学派

原型是集体潜意识的构成，也是荣格分析心理学的核心概念。荣格学者雅各比（Jacobi）曾在《情结、原型和象征》一书中，详尽描述了人们对荣格"原型"概念的种种误解。后荣格原型学派的理论取向强调原型的意义与作用，在三种临床方法的使用上，首先注重原型意象及其分析，其次是自性及其象征，最后是移情与反移情。

詹姆斯·海尔曼（James Hillman）是后荣格原型学派的代表。实际上他更愿意将自己的学派称为"原型心理学"。海尔曼 1953 年在瑞士苏黎世荣格学院接受训练，完成分析之后留在学院工作，1959 年担任苏黎世荣格学院的研究主任。1969 年由于个人原因脱离了正统的荣格分析心理学，开始更加关注自己的原型心理学的独立发展。1970 年"原型心理学"术语第一次被海尔曼正式使用。在他看来，原型理论是荣格分析心理学的理论基础，但它在分析心理学创立之初并不是十分明确的，海尔曼要做的就是通过原型心理学为人的内心生活提供唯一的、重要的心理学解释。

在发展荣格原型心理学思想的过程中，海尔曼更多地关注集体的心理分析，他将其工作称为"对思想的治疗"，而不是对个人的治疗。同诸多荣格学者一样，海尔曼也十分关注中国文化和东方思想的影响，认为《易经》及其象征，以及道家的哲学，充满了原型心理学的意义，是原型心理学发展的最重要的资源。他在与中国荣格研究者申荷永先生的通信中写道："太极图就是一种重要的原型意象，它不但属于中国，而且具有普遍的世界意义。"实际上，荣格也有类似的思想和感受。整个荣格分析心理学及其发展，都与中国文化有着深厚的联系。

海尔曼既是富有创造性的思想家，又是文笔生动的作家。海尔曼撰写和出版了许多心理分析专著，如《重塑心理学》(1970)、《原型心理学》(1977)、《破译心灵》(1997) 和《性格的力量》(1999) 等，都是影响广泛的经典之作。在《破译心灵》一书中，海尔曼提出了其独特的"橡实理论"。这个理论提出每个生命由一个特定的形象构成，这个形象是那个生命的本质内核，召唤着那个生命走向一个命运，就像高大的橡树的命运写在微小的橡实中一样。从本质上说，海尔曼相信，传统的非此即彼分类法的遗传学和环境所能解释的一切远不及生命的每个个体丰富。他的方法就是迫使他的读者重新研究他们童年的冲动、幻想、思想甚至意外事故，因为所有这些都反映了指引心灵发展方向的蓝图。海尔曼认为，我们需要一种全新的方法去看待我们生活的重要意义。他的著作提供了研究生活的极其可行的、富于想象力的方法，这不仅仅是一种新的观看方法，而且是一种"使不可理解之物复活"

的方法,困此也是一种找回我们内在的自我失落之物的方法。伯尼克(Roben Bosnak)是海尔曼的学生,20 世纪 70 年代在瑞上苏黎世完成了个人的心理分析。他把荣格原型学派的思想和理论付诸实践,创立了意象体现(embodied imagination)技术。他的《探索梦的原野》以及《意象体现:医学与艺术中的创造想象》(2007)提出了许多新的见解,促进了原型学派的理论发展。伯尼克曾任国际梦的研究会(International Association for the Study of Dreams,IASD)主席。2006 年 11 月,伯尼克及其国际团队的 20 余人成立了国际意象体现学会(International Society for Embodied Imagination,ISEI),并且在中国设立了发展组织。

参考文献

1. 荣格. 荣格自传: 回忆·梦·思考 [M]. 沈阳. 辽宁出版社, 1988. 251.

2. 荣格. 荣格自传: 回忆·梦·思考 [M]. 沈阳. 辽宁出版社, 1988. 254-255.

3. 荣格. 荣格自传: 回忆·梦·思考 [M]. 沈阳. 辽宁出版社, 1988. 286.

4. 卫礼贤. 中国心灵 [M]. 北京. 国际文化出版公司, 1998.

5. 卫礼贤, 荣格. 金花的秘密 [M]. 合肥. 黄山书社, 2011.

6. 荣格. 荣格自传: 回忆·梦·思考 [M]. 沈阳. 辽宁出版社, 1988.

7. 卫礼贤, 荣格. 金花的秘密 [M]. 合肥. 黄山书社, 2011.

8. 卫礼贤, 荣格. 金花的秘密 [M]. 合肥. 黄山书社, 2011.

9. JungC.G.The Structureofthe Psyche.In:The Collected WorksofC.G.Jung:Vol8.Princeton,1977.342.

10. 荣格. 荣格文集: 原型与集体无意识 [M]. 北京. 改革出版社, 1997.

11. 冯川. 荣格文集 [M]. 北京. 改革出版社, 1997. 40.

12. 冯川. 荣格文集 [M]. 北京. 改革出版社, 1997. 493.

13. 凯斯门特. 分析心理学巨擘: 荣格 [M]. 廖世德译. 上海. 学林出版社, 2007. 71.

14. 冯川. 荣格的精神: 一个英雄与圣人的神话 [M]. 海口. 海南出版社, 2006. 131.

15. 列维·布留尔. 原始思维 [M]. 北京. 商务印书馆, 2011.

16. 奥斯瓦尔德·斯宾格勒. 西方的没落 [M]. 西安. 陕西师范大学出版社, 2008.

17. 荣格. 心理学与文学 [M]. 北京. 三联书店, 1987.

18. 荣格. 心理学与文学 [M]. 北京. 三联书店, 1987. 128.

19. 霍尔, 诺德贝. 荣格心理学入门 [M]. 冯川译. 北京. 三联书店, 1987. 48.

20. 诺伊曼. 大母神：原型分析 [M]. 香港. 东方出版社, 1998.

21. 申荷永. 荣格与分析心理学 [M]. 北京. 中国人民大学出版社, 2012. 59.

22. 霍尔, 诺德贝. 荣格心理学入门 [M]. 冯川译. 北京. 三联书店, 1987. 48.

23. 霍尔, 诺德贝. 荣格心理学入门 [M]. 冯川译. 北京. 三联书店, 1987. 57.

24. 荣格. 荣格文集Ⅶ：情结与阴影 [M]. 吉林. 长春出版社, 2014.

25. Andrew Samuels.ACritical DictionaryofJungian Analysis.Londonand New YorkRoutledge,1997.76-79.

26. 荣格. 心理类型 [M]. 上海. 上海三联书店, 2009.

27. 列维·布留尔. 原始思维 [M]. 北京. 商务印书馆, 2011.

28. 让·皮亚杰. 儿童的心理发展 [M]. 济南. 山东教育出版社, 1982. 114-115.

29. 黑格尔.《美学》[M]. 北京. 商务印书馆, 1981. 53.

30. 布达哥夫. 语言学概论 [M]. 香港. 时代出版社, 1956. 1.

31. 鲁利亚. 神经心理学原理 [M]. 北京. 科学出版社, 1983.

32. 列昂捷夫. 活动意识个性 [M]. 上海. 上海译文出版社, 1980.

33. 诺伊曼. 大母神 [M]. 上海. 东方出版社, 1998.

34. 贾澎. 荣格象征理论的语言学诠释 [J]. 西北师大学报（社会科学版）, 2010.

35. 罗恩. 从弗洛伊德到荣格 [M]. 北京. 中国国际广播出版社, 1989. 164.

36. 荣格. 心理类型 [M]. 上海. 上海三联书店, 2009.

37. 高晓兰. 整合与超越——荣格象征理论研究 [D]. 哈尔滨. 黑龙江大学, 2010.

38. 荣格．心理类型 [M]．上海．上海三联书店, 2009.

39. 荣格．人类及其象征 [M]．沈阳．辽宁教育出版社, 1988.

40. Chomsky N.Aspectsofthetheoryofsyntax[J].College Composition& Com munication,1965.21(1).1092-5.

41. Kugler,Paul.The Alchemyof Discourse:Image,Soundand Psyche[J]. Daimon Verlag,2013.

42. 张艳．创造性作家与白日梦—关于弗洛伊德的读书笔记 [J]．延安文学, 2004. 237-239.

43. 索绪尔，高名凯．普通语言学教程 [M]．北京．商务印书馆, 1980.

44. 荣格．心理学与文学 [M]．北京．三联书店, 1987. 92.

45. 荣格．心理学与文学 [M]．北京．三联书店, 1987. 111.

46. 荣格．心理学与文学 [M]．北京．三联书店, 1987. 122.

47. 荣格．心理学与文学 [M]．北京．三联书店, 1987. 224.

48. 荣格．心理学与文学 [M]．北京．三联书店, 1987.

49. 荣格．转化的象征 [M]．北京．国际文化出版公司, 2011.

50. 罗恩．从弗洛伊德到荣格：无意识心理学比较研究 [M]．中国国际广播出版社, 1989.

51. 荣格．转化的象征 [M]．北京．国际文化出版公司, 2011.

52. 荣格．心理学与文学 [M]．北京．三联书店, 1987. 190.

53. 荣格，侯国良，顾闻．分析心理学与诗的艺术 [J]．文艺理论研究, 1986(5). 72-80.

54. 荣格，成穷，王作虹．分析心理学的理论与实践 [M]．北京．北京联合出版公司, 2013. 38.

55. 叶舒宪．神话原型批评 (M)．西安．陕西师大出版社, 1987. 101.

56. 荣格．荣格自传：回忆·梦·思考 [M]．沈阳．辽宁出版社, 1988.

57. 王宇洁．卫礼贤中国心灵 [M]．北京．国际文化出版公司, 1998.

58. 荣格．东洋冥想的心理学 [M]．北京．社会科学文献出版社, 2000.

59. 荣格．人，艺术与文学中的精神 [M]．北京．国际文化出版公司, 2011.

60. 张隆溪．比较文学译文选 [M]．北京．北京大学出版社，1982.1.

61. 怀特海．《科学与近代世界》[M]．北京．商务印书馆，1979.

62. 张隆溪．比较文学译文选 [M]．北京．北京大学出版社，1982.29.

63. 霍尔，诺德拜．荣格心理学纲要 [M]．郑州．黄河文艺出版社，1987.21.

64. 巴赫金．巴赫金文集 [M]．石家庄．河北教育出版社，1998.370-371.

65. 荣格．纪念理查·威廉 [M]．北京．三联书店，1987.248-249.

66. 荣格．纪念理查·威廉 [M]．北京．三联书店，1987.248-249.

67. 荣格．纪念理查·威廉 [M]．北京．三联书店，1987.248,257.

68. Earl Miner.Comparative Poetic:An Intercultural Essay on theories of literature[J].Princeton:Princeton University Press,1990.3-5.

69. 张君劢.《卫礼贤—世界公民》[M].济南.山东大学出版社,2004.27.

70. 荣格．纪念理查·威廉 [M]．北京．三联书店，1987.254.

71. 冯川．荣格文集 [M]．北京．改革出版社，1997.228.

72. 弗洛伊德．弗洛伊德文集 [M]．长春．长春出版社，2004.150.

73. 荣格．荣格文集 [M]．北京．改革出版社，1997.246.

74. 弗洛伊德．精神分析引论 [M]．北京．北京联合出版公司，2015：275

75. 弗洛伊德．弗洛伊德文集 [M]．长春．长春出版社，2004.64.

76. 弗洛伊德．弗洛伊德文集 [M]．长春．长春出版社，2004.150.

77. 冯川．荣格文集 [M]．北京．改革出版社，1997.219.

79. 冯川．荣格文集 [M]．北京．改革出版社，1997.228.

80. 荣格．人及其象征 [M]．石家庄．河北人民出版社，1989.